PEDWAR PWDL PINC
A'R TEI YN YR INC

Denu plant at farddoniaeth

Myrddin ap Dafydd
Lluniau: Siôn Morris

ⓗ y testun: Myrddin ap Dafydd

ⓗ y lluniau: Siôn Morris

Argraffiad cyntaf: Rhagfyr 1998

Cyhoeddwyd dan nawdd Rhaglen Genedlaethol Hyfforddiant Mewn-swydd y Gymraeg

Rhif Llyfr Safonol Rhyngwladol:
0-86381-529-4

Argraffwyd a chyhoeddwyd gan Wasg Carreg Gwalch,
12 Iard yr Orsaf, Llanrwst, Dyffryn Conwy.
☎ (01492) 642031

Diolch

Dymuna'r awdur gydnabod cymorth a chydweithrediad nifer o athrawon a dosbarthiadau y cafodd gyfle i gydweithio â hwy wrth ymweld ag ysgolion ledled Cymru.

Diolch yn arbennig i Weithgor Cenedlaethol y Cyd-lynwyr Cynradd Cymraeg, Rhaglen Genedlaethol Hyfforddiant Mewn-swydd y Gymraeg, am drafod y testun ar gamau olaf y daith ac am sawl awgrym gwerthfawr:

Richard Roberts (Hyfforddwr Ymgynghorol)
Caroline Davies
Sarah Davies
Eirlys Eckley
Delyth Eynon
Eirwen Jones
Glenda Jones
Len Jones
Lis Morgan Jones

Cynnwys

Rhagair 4

Cyflwyniad 5

Cyn dechrau arni (Rhagarweiniad i'r athro/arweinydd) 7

Wrth gyflwyno 13

DARGANFOD GEIRIAU

    Coeden eiriau 16

    Enwi'r cwch 19

    Enwi tŷ 21

    Beth yn y byd ydi'r bêl? 23

    Llun mewn llinell 27

    Gweld 28

    Enwau byw 30

    Sut fath o enw? 31

    Enwau meddal 32

    Enwi blodau 34

    Oriel o luniau 37

    Lluniau mewn lliwiau 39

    Teimladau mewn lliwiau 40

    Edrych yn y drych 41

    Ga' i fynd â fo adref? 43

    Dywediadau 44

    Diarhebion 46

ODL

    Dynwared sŵn 52

    Un, dau, tri 54

    Posau odli 55

    Cynffonnau 56

    Olwen Odlau 57

    Ffrindiau ymysg y ffrwythau 58

    Dau gliw ar y tro 60

    Ar y ffordd i Afon-wen 61

    Gas gen i wisgo tei 62

    Well gen i 63

    Meddai, meddai, meddai 66

CYTSEINEDD

    Galw ar ei gilydd 70

    Disgrifio'r corff 73

    Lluosogi llythrennau 74

    Mai Melys Mwyn 76

    Yr wyddor ar waith 77

    Mae gen i gariad newydd 79

    Sŵn sy'n rhoi syniad 81

    Enwi'r cawr 90

RHYTHM

    Cerdd a cherdded 96

    Heno, heno 98

    Enwau lleoedd 99

    Nant y Mynydd 102

    Band Un Dyn 104

    Mae gen i 106

    Barddoniaeth bob dydd 108

    Dan ganu 111

    Dwi isio bod 115

    Parodi – llinell 116

    Ar y ffordd 118

    Limrig 119

    Parodi – pennill cyfan 120

    Rap 121

Rhagair

Mae'r gyfrol hon yn gyforiog o syniadau ynglŷn â sut i ddenu plant at farddoniaeth. Gellid ei hystyried yn llawlyfr hylaw i'r athro/athrawes Gymraeg sydd, efallai, braidd yn gyndyn i fynd i'r afael â barddoniaeth gyda'i d/dosbarth.

Cynhwysir enghreifftiau lu o farddoniaeth a gyfansoddwyd gan blant a'r camau angenrheidiol i gyrraedd y nod hwnnw.

Mae integreiddio'r medrau llafar, darllen ac ysgrifennu yn un o ofynion sylfaenol y Gymraeg yn y Cwricwlwm Cenedlaethol ac mae ymdrin ag amryfal agweddau barddoniaeth yn sicr yn fodd i hyrwyddo hynny.

Mae awdur y gyfrol hon wedi cyfrannu'n helaeth iawn at lwyddiant Rhaglen Genedlaethol Hyfforddiant Mewn-swydd y Gymraeg trwy gynnal sesiynau hyfforddi yng Nghymru benbaladr. Cyfareddwyd ugeiniau o athrawon cynradd ac uwchradd a channoedd o blant gan syniadau Myrddin ap Dafydd. Pleser o'r mwyaf yw cyflwyno cyfrol sydd yn crynhoi'r syniadau hynny a hyderir y bydd defnydd helaeth ohoni ym mhob ysgol.

Richard Roberts
Hyfforddwr Ymgynghorol

Cyflwyniad

Mae gen i deimlad ein bod ni braidd yn gaeth i'r traddodiad eisteddfodol yn y Gymraeg pan ddown i geisio hybu plant i gyfansoddi yn greadigol. Tybiwn, ond i ni osod testun, y bydd hynny'n ddigon i'w hysbrydoli.

Mewn gwirionedd, wrth eu gwaith yn paentio lluniau neu gyfansoddi cerddoriaeth neu greu cerdd, y teitl yw'r peth olaf fydd ar feddwl yr arlunydd neu'r cyfansoddwr neu'r bardd. Yn ein dull o annog plant i sgwennu, rydym yn rhoi'r drol o flaen y ceffyl – *profiad* (neu atgof o brofiad) sy'n ysgogi'r sgwennwr, nid testun.

Mae'r pwyslais ar brofiadau yn yr ymarferiadau hyn, ynghyd â rhoi canllawiau a phatrymau pendant i'r dull o fynegi. Mae cynnig sgaffaldiau a siapiau yn medru agor drysau yn y meddwl a gall fod o fwy o gymorth i'r dychymyg na gosod testun.

Mae plant, yn ystod eu blynyddoedd cynnar, yn aml yn defnyddio geiriau er mwyn pleser yn hytrach nag er mwyn rhannu gwybodaeth a chyfathrebu. Siarad er mwyn siarad maen nhw bryd hynny – ailadrodd geiriau braf i'r tafod ac i'r glust mewn gorfoledd neu mewn gofid. Swnio'n debyg iawn i farddoniaeth a dweud y gwir!

Dydi hynny ddim ymhell iawn oddi wrthi, mewn gwirionedd. Mae modd dadlau bod pob plentyn yn cael ei eni'n fardd ond bod y ddawn yn cael ei hysgwyd ohonynt wrth iddynt dyfu'n hŷn a challio a dysgu siarad yn iawn. Mae plant yn gwrando ar eiriau, yn hel geiriau fel sticeri, yn mwynhau slicrwydd, slogan a goslef ac yn defnyddio eu dychymyg i dynnu lluniau llafar pan fydd eu geirfa yn pallu. Maen nhw hefyd yn ddynwaredwyr effro gyda chlust fain i'r byd o'u cwmpas.

Bydd rhai yn cyrraedd y dosbarth derbyn gyda rhythmau, odlau, cwpledi, penillion a chaneuon eisoes yn rhan o'u cyfansoddiad ac ar eu cof. Does mo'r fath beth â dechrau yn y dechrau yn bod wrth gyflwyno barddoniaeth i blant. O safbwynt gwerthfawrogi a gwrando ac o safbwynt mynegiant, mae nodweddion barddoniaeth eisoes yn rhan o'u bywyd bob dydd. Ein cyfrifoldeb ni yw datblygu a chyfeirio'r doniau hyn yn hytrach na gadael iddynt fygu yn ystod eu haddysg ffurfiol.

Mae barddoniaeth yn rhan o'r Cwricwlwm Cenedlaethol ac yn cynnwys holl elfennau'r pynciau iaith: llefaru, gwrando, darllen a sgwennu. Gellir ei defnyddio fel modd i grynhoi neu i fwrw golwg wahanol ym mhob un pwnc arall yn yr ysgol yn ogystal. Eto i gyd, bydd llawer – ar ôl tyfu i fyny! – yn ystyried barddoniaeth yn 'od', yn 'anodd' ac yn 'rhyfedd'. Rhywbeth i'w wneud a'i gael o'r ffordd ydi o – rhywbeth diflas a rhywbeth i'w ofni, hyd yn oed. Rhywle ar y daith rhwng Jim Cro Crystyn a'r Groes o Gyswllt, mae barddoniaeth wedi taro yn erbyn wal ac wedi colli'i ffordd.

Yr hyn sydd wedi digwydd yw bod y profiad barddonol wedi colli'r pleser oedd yn arfer bod yn rhan ohono pan oeddem ni'n iau. Sut y bu hynny a sut y gallwn ailafael yn y pleser hwnnw? Dyna'r cwestiwn, rwy'n gobeithio, y byddwn rywfaint yn nes at ei ateb wrth ddefnyddio'r llyfr hwn.

Ar y tudalennau sy'n dilyn, mae nifer o ymarferiadau sydd wedi eu cynllunio'n arbennig ar gyfer y dosbarth. Eto, nid ymarferiadau i'r plant weithio arnynt ar eu pennau eu hunain ydynt ond deunydd gwersi llafar bywiog a chreu ar y cyd. Mae'n llawlyfr i athrawon yn ogystal ag i'r disgyblion. Wrth sgwennu'r sgript yn barod ar gyfer athrawon, y gobaith yw y bydd hynny'n rhoi hwb a hyder iddynt mewn maes y mae amryw ar hyn o bryd yn eithaf ansicr ohono. Mae'r gyfrol hefyd yn cynnwys enghreifftiau o waith nifer o blant ledled Cymru – gall y rhain eto fod yn destunau i'w hastudio er mwyn sylwi ar y technegau a chael hyder i'w dynwared.

Mae beirdd yn medru ystwytho geiriau; newid eu siapiau; gafael mewn pethau cyffredin a rhoi bywyd newydd iddynt. Mae modd dysgu plant i ymarfer y doniau hyn i gyd hefyd. Nid creu beirdd ydi'r nod, ond adnabod crefftau arbennig sy'n perthyn i drin geiriau ac ymarfer y crefftau hynny. Mae pob dysgu crefft yn golygu dynwared a rhoddir pwys arbennig ar ddynwared a pharodïo yn yr ymarferiadau hyn. Ond unwaith y bydd plentyn yn canfod ei lais ei hun, pwy a ŵyr beth all ddigwydd wedyn?

Eto, drwy'r cyfan, annog plant i fwynhau'r wefr o roi iaith ar waith a gwirioni ar bleserau geiriau ydi'r bwriad.

Myrddin ap Dafydd

Cyn dechrau arni
(Rhagarweiniad i'r athro/arweinydd)

Cyn bwrw iddi gyda'r ymarferiadau, y gêmau geiriau a'r gwersi penodol, dyma ychydig o sylwadau a syniadau cyffredinol i gynorthwyo gyda pharatoi ar gyfer y dosbarth yn feddyliol ac yn ymarferol.

Wyt ti'n gwybod 'be'?

Beth yw barddoniaeth? Dyna gwestiwn jacpot os bu un erioed. Mae'r rhan fwyaf o'r atebion yn trio osgoi'r pwnc drwy ddweud beth *nad* yw'n farddoniaeth neu *tebyg* i beth yw barddoniaeth:

* Dydi stori ddim yn farddoniaeth, meddai rhywun. Mae'r rhan fwyaf o straeon yn digwydd 'amser maith yn ôl' neu 'un tro' neu 'dydd Sadwrn diwethaf'. Mae'n wir bod yna stori mewn ambell ddarn o farddoniaeth ond fel rheol mae barddoniaeth fel petai'n digwydd yn y presennol, yn y man hwn, ar yr union amser hwn. Mae'r profiad yn un parhaus, fel petai'n ailddigwydd o hyd.

* Mae barddoniaeth, meddai rhywun arall, yn debyg i nionyn. Mae croen o dan bob croen a pho ddyfnaf rydych chi'n mynd i mewn i'r nionyn, llyfnaf i gyd fydd pob croen. Bydd yr ogla yn gryfach hefyd. Mae nionyn yn medru gwneud ichi grio ac mae hynny'n wir am farddoniaeth hefyd weithiau. (Yn arbennig barddoniaeth sâl!)

'Gan y gwirion y ceir y gwir' ac yn aml iawn mae plant yn medru bod yn nes ati nag academyddion a geiriadurwyr wrth geisio rhoi bys arno a dweud beth ydi barddoniaeth.

'Barddoniaeth ydi bod geiriau yn golygu mwy na be maen nhw'n ei feddwl,' meddai un plentyn. Mae o'n llygad ei le.

'Mae yna arogli mewn barddoniaeth,' meddai hogyn bach arall wrthyf i un tro. Trio deud 'odli' roedd o, ond rywsut 'arogli' ddaeth allan o'i geg o. Eto, erbyn meddwl, dwi'n amau dim nad ydi o'n nes ati drwy ddweud 'arogli' hefyd.

'Dydi barddoniaeth ddim yn mynd i ben draw'r lein,' oedd cynigiad plentyn arall. Mae plant yn cael eu hannog, yn y dyddiau papur-ymwybodol hyn, i sgwennu at ymyl y ddalen ar bob lein. Efo barddoniaeth, does dim rhaid ichi sgwennu i ben draw'r lein. Mae 'na lot o bapur gwyn mewn barddoniaeth. Mae hynny'n apelio. Mae hynny'n apelio ataf innau hefyd sy'n trio'u cael nhw i stopio sgwennu pan maen nhw wedi gorffen dweud yr hyn sydd ganddynt i'w ddweud yn hytrach na phan fo hi'n argyfwng papur arnyn nhw. Mi fedrwn fod yn hirwyntog iawn wrth drafod cynildeb ond digon ydi deud bod yna le gwag rownd barddoniaeth er mwyn rhoi lle i'r lluniau – lluniau artist neu luniau yn y dychymyg.

Mae peidio gorfod 'mynd i ben draw'r lein' yn awgrymu rhyddid hefyd, o leiaf y rhyddid i greu eich patrymau eich hunain. Mae hynny yn elfen bwysig wrth ddenu plant at farddoniaeth – er cyflwyno amryw o batrymau a mesurau penodol, mae'n hanfodol eu bod yn ymwybodol mai nhw sy'n penderfynu hyd llinellau, nifer sillafau, patrwm odli neu beidio ac yn y blaen. Proses o chwalu hen reolau a hen batrymau a chreu rhai newydd yw barddoni.

Un ffordd gyfleus – os braidd yn arwynebol – o wahaniaethu rhwng dweud stori a barddoniaeth yw hon:

* dychmygwch fynd ar wyliau a sgwennu cerdyn post adref yn disgrifio'r llety, y bwyd, yr hyn a wnaethoch, y tywydd ac ati

* mae gennych gamera ar y gwyliau ac rydych yn tynnu nifer o luniau

* ar ôl dychwelyd adref a datblygu'r lluniau, rydych yn eu dangos i rywun dderbyniodd gerdyn post oddi wrthych

* mae gan hwnnw felly gerdyn sy'n adrodd yr hanes – dyna'r stori

* mae hefyd yn gweld cyfres o luniau o'r profiadau – yn union fel petai yno ar y pryd. Dyna farddoniaeth. Edrych drwy gamera yw un ffordd o ddiffinio barddoni – tynnu lluniau gyda geiriau fel petai yn digwydd y munud hwnnw

Mae 'na gysylltiad naturiol rhwng barddoniaeth a phlentyndod a bydd plant yn ymateb yn emosiynol a naturiol i iaith barddoniaeth. Ta waeth am y diffinio a'r dehongli – mae plant yn gwybod yn reddfol beth yw cerdd.

Wyt ti'n gwybod 'pam'?

Byddai 'pwys o ham' neu 'pwys o jam' yn ateb digon boddhaol i'r cwestiwn hwn! Mae'n rhaid dangos bod barddoniaeth ac elfennau barddoniaeth yn ddifyr. Os nad yw'r athro yn byrlymu gan bleser wrth gyflwyno'r deunydd, does yna fawr o obaith y bydd y plant yn dal y clwy. Rhyw fath o bla ydi'r cyfan – pla da. Mae'n rhaid ei ddal o cyn ei drosglwyddo i rywun arall. Mae'n rhaid inni fod yn ymwybodol bod y jyrms barddonol i'w cael ym mhob man, ein bod ni yn cael ein boddi ganddyn nhw a'n bod yn eu tishan drwy'r dydd. Mae'r cyfan yn rhan o fywyd bob dydd. Dangoswch hynny i'r plant drwy eu cyflwyno i elfennau barddonol

* mewn penawdau papur newydd
* mewn sloganau a hysbysebion
* mewn llafarganu cefnogwyr pêl-droed
* mewn protestiadau, yn cael eu gweiddi neu ar bosteri
* mewn llinellau slic cyflwynwyr radio a theledu
* mewn enwau melysion, fferins, da-da a hufen iâ ac ati
* mewn posteri, teitlau llyfrau
* mewn llinellau o ganeuon pop
* mewn cardiau pen-blwydd, Nadolig ac ati
* mewn gêmau bwrdd, cardiau, ar yr iard ac ati.

Mae modd ymestyn yr enghreifftiau i agor drysau ar fydau sydd yn fwy na phleser a mwynhad yn unig. Er enghraifft, gras bwyd. Mewn penillion byr a syml fel 'Bydd wrth ein bwrdd' neu 'O, Dad yn deulu dedwydd' mae ychydig eiriau dethol yn diolch am y bwyd sydd ger bron – maent yn cynrychioli eiliadau difrifol cyn y mwynhad ac mae yna nerth yn y dweud am fod pawb yn cyd-lefaru. Mae'r curiad, y rhythm a'r amseriad yn tynnu pawb at ei gilydd.

Meddyliwch am gardiau cyfarch. Sbort a sbri ar fy mhen-blwydd i, ie – ond beth am gerdyn cyfarch ar enedigaeth plentyn? Mae llawenydd, a dathlu a rhyfeddu ar adeg o'r fath – ac weithiau bydd pennill ar y cerdyn yn mynegi hynny yn syml. Dyw plant ddim yn dewis osgoi trafod galar chwaith a gall hynny fod yn brofiad adeiladol iddynt. Mae rhoi geiriau mewn trefn arbennig yn medru bod yn rhyddhad pan fo hi'n anodd gwybod beth i'w ddweud a sut i'w ddweud.

Ceisiwch bob amser chwilio am fan cychwyn o fewn eu profiad hwy eu hunain. Gall barddoniaeth fod yn ffraeth a doniol ac rydan ni i gyd angen dôs o chwerthin bob hyn a hyn. Dangoswch hynny drwy eu hatgoffa o rai hwiangerddi y maen nhw wedi eu dysgu eisoes. Jac y do, ho-ho-ho – mae difyrru yn rheswm digon da fyth dros sgwennu barddoniaeth. Helaethwch eu profiad o gerddi difyr a doniol. Mae trafod **pam** mae cerdd ddoniol yn dda yn ffordd effeithiol o gyflwyno elfennau barddoniaeth yn gofiadwy a phleserus hefyd.

Eto, dydych chi ddim am iddyn nhw ddechrau meddwl mai jôc a dim byd arall ydi barddoniaeth. Mae digon o gerddi ar gael sydd yn eu hanfod yn codi o dristwch neu annhegwch bywyd ond eu bod yn dewis cyflwyno'r geiriau yn ffraeth ac yn ddoniol. Dangoswch fod mwy i'r cerddi hyn na chosi yn unig. Dangoswch pa mor graff a phellgyrhaeddgar yw ambell sylw ysgafn.

Mae hyn yn rhoi gwedd fwy crwn i'r plant a byddant yn gwerthfawrogi bod modd rhoi mynegiant i emosiynau dyfnion a gweledigaeth wahanol a hynny mewn ffordd sy'n ymddangos yn chwareus. Rhaid sbarduno'r meddwl, y dychymyg a'r teimladau – ond dal gafael yn yr hwyl.

Pan ddaw arolygydd heibio i'r ysgol i'ch holi am werth dysgu barddoniaeth i blant, dyma rai pwyntiau fuasai'n ei daro yn ei dalcen:

* mae barddoniaeth yn bleserus

* mae hefyd yn medru cyffroi, ysbrydoli, cynorthwyo'r ddawn i ryfeddu, deffro atgofion, arwain y dychymyg a bod yn destun trafod

* mae cyfansoddi barddoniaeth yn gymorth i ehangu geirfa, gwella mynegiant a chrisialu ymateb

* mae'n cynorthwyo ein datblygiad ieithyddol ac yn rhoi ymdeimlad o ryddid ac antur wrth drin geiriau

* drwy farddoniaeth, down i adnabod ein byd ac i adnabod ein hunain yn well

* mae darllen barddoniaeth, oherwydd ei fod yn fwy cryno ac uniongyrchol, yn medru bod yn haws i blentyn sy'n cael trafferth i'w ysgogi'i hun i droi at ddarllen llyfr

* mae crefft y bardd yn gymorth i gynulleidfa o blant ganolbwyntio a thalu sylw wrth wrando ar ddarlleniad

* mae clywed barddoniaeth yn llafar yn datblygu'r glust i werthfawrogi sain, goslef a rhythm

* mae'n dangos patrymau a ffurfiau iaith, ystwythder iaith, miwsig a thelynegrwydd iaith

* mae copïo hoff gerdd yn ymarferiad llawysgrifen da

* mae'n gofiadwy, a hynny heb inni wneud ymdrech i'w gofio weithiau

* mae'n cyffwrdd â'r ysbrydol, yn mynd â ni i dir cydymdeimlad, gobaith a breuddwyd

* mae'n rhoi nerth personol inni ar adegau anodd neu unig

* rydan ni'n tyfu drwy farddoniaeth

* mae'n brofiad artistig

Mae'n werth atgoffa'n hunain unwaith eto nad creu beirdd nac enillwyr Eisteddfod yr Urdd yw'r nod. Mae gan bob un ohonom ddawn i drin geiriau – cynnig cyfle a chanllawiau i ddatblygu'r ddawn honno ynom ni i gyd yw'r nod a byddai'n brofiad gwerthfawr i'r athro gymryd rhan yn yr ymarferion yn yr un modd â'r disgybl. Mae'n werth chweil inni i gyd fod yn fwy agored i bosibiliadau iaith o'i thrin yn ymwybodol a synhwyrus.

Ond mae 'gosod nod' ynddo'i hun yn medru bod yn ddiffaith. Mae cerdd yn werth ei darllen, yn werth ei thrafod, yn werth ei chofio oherwydd dim byd mwy na'i bod yn rhan o lawenydd y daith. Fel pob celfyddyd, mae yno i'w mwynhau ac mae'i gwerth yn bod ynddi hi ei hun.

9

Amen ar yr Awen?

Os oes modd dysgu barddoniaeth fel pwnc, os yw'r gelfyddyd yn agored i bob Dic, Siôn a Harri yn y byd a'r betws – ydi'r Awen yn ddi-waith bellach?

Mae dihareb y Sais yn werth ei chofio wrth boeni amdani – h.y. *'poetry is 10% inspiration and 90% perspiration'*. Efallai mai myth ydi'r hen Awen wedi'r cyfan. Ond nid yn hollol chwaith. Mae'n wir bod crefft i'w dysgu, ac nid ar hap a damwain na thrwy grwydro'r rhosydd ar noson loergan lleuad olau y mae dysgu crefft. Mae unrhyw sgwennu da yn cymryd amser i'w ddatblygu. Rhaid astudio ac arbrofi gyda gwahanol arddulliau a gwahanol dechnegau, dynwared a darganfod.

Eto nid techneg yw'r cyfan. Dyna pam mae'n rhaid ceisio rhoi **profiad** cyn sgwennu amdano. Gall y profiad fod yn un llafar – trafodaeth neu atgofion. Gall fod yn un gweledol – ymweld ag oriel ddarluniau neu wylio ffilm. Gall fod yn fan a lle arbennig – trip, golygfa, adeilad, awyrgylch, presenoldeb. Mae profiad yn medru ysgogi yn llawer gwell na'r hen draddodiad eisteddfodol o 'osod testun'. Ysgogi? Oes, mae 'na le i Awen ar y staff o hyd. Cofiwch amdani wrth greu cyllideb flynyddol yr ysgol.

Ond dydw i ddim yn fardd . . .

Mae 'na rywbeth ynglŷn â barddoniaeth sy'n creu hen geg gam. Nid mewn plant – ond ynom ni, y rhai sydd wedi peidio â bod yn blant. Mae'n codi ofn ar rai. Mae 'na rai eraill sy'n barchus ac amharchus ohoni ar yr un pryd – 'Dwi'n siŵr ei fod o'n dda iawn, ond 'sgin i'm clem be mae o'n drio'i ddeud'.

Mae rhai ohonom ni'n bôrd efo barddoniaeth, rhai'n ei chasáu, rhai'n ei theimlo'n faich, rhai'n ansicr, rhai'n anesmwyth, rhai'n embaras. Ydi, mae o'n gyfrwng creadigol sy'n cynhyrchu llawer o ymateb negyddol!

Efallai mai cynnyrch system addysg sydd wedi methu creu brwdfrydedd a diddordeb ynom ni mewn barddoniaeth ydan ni. Y tu allan i fyd yr ysgol, mae barddoniaeth yn mwynhau ymateb cadarnhaol a phoblogaidd yn aml – yn arbennig felly yn y Gymraeg. Ond sut mae torri'r cylch dieflig yma o fewn y system addysg?

Gadewch inni ei thrio hi fel hyn. Oes 'na unrhyw un/rai o'r sylwadau hyn yn canu cloch?

* Roedd yn gas gen i farddoniaeth pan o'n i'n yr ysgol.

* Dwi ddim yn dallt barddoniaeth.

* Pam na fasa bardd yn deud yn blaen be mae o'n ei feddwl yn lle bod mor niwlog ac amwys?

* Dwi ddim yn meddwl bod gan fy athro i fawr o amynedd gyda barddoniaeth chwaith.

* Dydw i ddim yn medru barddoni fy hun. Sut medra' i ddysgu dosbarth o blant sut mae gwneud hynny?

* Roeddan ni'n gorfod dysgu'r blincin peth ar ein cof. Poli parots oeddan ni, dim byd arall – ailadrodd ond dallt dim.

* Mae 'na ormod o hen lol efo'r busnes adrodd yma.

* Dadansoddi oedd y wers farddoniaeth; tynnu perfedd y gerdd allan a'i roi drwy'r minsar. Rhyw groes rhwng *algebra*, loteri a *sbot the ball* – 'canfod cynghanedd'; a+b+a+b = soned; 'cymhariaeth rymus yn llinell 5' a.y.y.b.

* Wnaeth neb erioed awgrymu bod trio sgwennu fy hun yn ffordd wych o werthfawrogi gwaith rhywun arall.

* Wnaeth neb erioed awgrymu bod deall sut a pham mae beirdd yn gweithio yn gymorth i wneud barddoniaeth yn fwy pleserus i mi.

Ar ôl gollwng stêm a charthu'r holl atgasedd yna at y pwnc o'n system, dyma wynebu'r cwestiwn: 'Be ydan ni am ei wneud i wella pethau?' Mae 'na un ffordd amlwg a hawdd allan ohoni, yr esgus perffaith dros wneud dim: 'Ond fedra i ddim barddoni. Nid bardd ydw i a fydda i byth yn un. Sut mae disgwyl i mi ddysgu barddoniaeth i blant?'

Mae'r hyfforddwr gyrru yn medru dreifio car ei hun; mae'r athrawes goginio yn medru gwneud sgons – o, mae'r rhestr yn ddiddiwedd . . .

Dyna ddigon. Dewch i lawr o ben y caets yna. Gadewch inni drafod hyn wrth y bwrdd a thros baned. I ddechrau arni, rydan ni i gyd yn defnyddio iaith. Rydan ni i gyd yn trin geiriau.

Beth am ychwanegu at y rhestr bositif i weld a oes 'na rithyn o oleuni:

Anghenion athrawon/arweinyddion

* Ymgysurwch! Dydi profiad blaenorol na gwybodaeth flaenorol ddim yn angenrheidiol.

* Y mae cariad at eiriau ac awydd i chwarae â nhw **yn** hanfodol.

* Dechreuwch gyda thechnegau a phatrymau syml, syml ac adeiladu ar hynny.

* Crefft trin geiriau ydi barddoniaeth yn ei hanfod ac mae'r grefft o fewn cyrraedd pawb. Fel gyda phob crefft arall, byddwn yn llwyddo i wahanol raddau wrth ei defnyddio. Ond wyddom ni ddim i ba raddau nes trio, a dal ati i drio.

* Mae brwdfrydedd yn bwysig. Does dim sy'n fwy heintus na hwnnw.

* Hiwmor hefyd – rhowch ddogn go dda o hwnnw yn y tasgau.

* Hwyl nid hunllef ydi sgwennu – cam at fynegiant sy'n rhoi hyder a bodlonrwydd. Rhowch gais felly ar sgwennu eich hunain a darganfod pleserau iaith trosoch eich hunain.

Paratoi – yr athro/arweinydd

* Casglwch ddeunydd – mae cerddi addas i'r dosbarth ar gael mewn cyfrolau diweddar yn y siopau ond peidiwch â bodloni ar hynny. Chwilotwch mewn llyfrgelloedd, hen gylchgronau, hen gyfansoddiadau eisteddfodau am ddeunydd sy'n eich ysbrydoli chi. Does dim rhaid defnyddio 'cerddi plant' yn unig – mae llawer o gerddi beirdd 'oedolion' yn addas i'r dosbarth, yn ogystal â hen benillion, geiriau caneuon gwerin a hwiangerddi anghyfarwydd ac ati.

* Cyflwynwch y 'stori' neu ymdrechwch i greu'r awyrgylch briodol cyn cyflwyno cerdd i'r dosbarth.

* Ewch ati i greu mynegai i destunau'r cerddi mwyaf llwyddiannus yn eich profiad chi. Byddai bocs ffeil bychan yn gymorth wrth ichi geisio cofio a chwilio am gerdd ar gyfer pwnc/achlysur/thema arbennig.

* Darllenwch gerddi yn uchel i'r dosbarth yn gyson. Dechreuwch gyda cherddi ysgafn, doniol gan daro ambell gerdd gyda mwy o waith cnoi cil arni i mewn i'w canol. Dangoswch fod modd i fardd daro nodyn dwys, er ei fod yn trin ei destun yn ysgafn. Mae hyn yn arwain plant i weld bod mwy mewn geiriau nag sydd ar yr wyneb yn unig.

* Pan ddaw hi'n amser datblygu syniadau am eiriau, am linellau ac am gerddi – cofiwch fod dau ddull o wneud hynny: **ar lafar**, gan annog ymateb byrfyfyr a 'mynd i hwyl'; hefyd **ar bapur** lle mae'r unigolyn yn gorfod gweithio ar ei ben ei hun yn hollol dawel o fewn cyfyngiadau amser penodol. Mae modd

cyfuno'r ddau gan drafod yr hyn sydd ar bapur ar y cyd, pwyso a mesur, awgrymu a rhannu syniadau a dethol y darnau gorau. Canmolwch ymateb ac ymdrechion y plant bob amser. Os ydych **chi** ar dân, bydd y plant yn tanio hefyd.

✱ Astudiwch feirdd yn ogystal â barddoniaeth – gadewch i'r plant ddod i nabod y sawl sgwennodd y gerdd. Os oes bardd enwog yn gysylltiedig â'r ardal, adroddwch ei hanes. Ymwelwch â'i dŷ neu ei garreg fedd neu lecyn y mae'n sôn amdano yn ei waith. Dewch â'i gyfnod hanesyddol yn fyw i blant heddiw. Darllenwch nifer o gerddi o waith yr un bardd er mwyn cael enghreifftiau o amrywiaeth o themâu, yn hytrach na chyfyngu eich hunain i un gerdd.

✱ Peidiwch â chwilio am un adwaith i gerdd neu thema. Mwynhau'r amrywiaeth yw un o bleserau barddoniaeth. Does neb yn gywir neu'n anghywir ac adeiladwch ar yr amrywiaeth i feithrin hyder.

Paratoi – y dosbarth

✱ Anogwch y plant i ddefnyddio llyfrau gweithio neu bapur ryff. Esboniwch nad yw'r broses o weithio ar eiriau ddim yr un fath â'r gwaith gorffenedig. Mae croesi geiriau, sgwennu ar ymyl y ddalen, creu rhestrau o eiriau, ail a thrydydd sgwennu llinell o dan ei gilydd yn hollol dderbyniol. Mae fel pad sgetjo arlunydd, neu weithdy'r saer – mae'n rhaid cael dipyn o siop siafins cyn creu cadair gain. Does dim rhaid gorbwysleisio gramadeg a sillafu nes ein bod yn cyrraedd y fersiynau mwy gorffenedig chwaith.

✱ Pwysleisiwch natur gymdeithasol barddoniaeth. Rhywbeth i'w rannu ydi o – dull o gyfathrebu. Mae'n naturiol bod swildod ymhlyg wrth unrhyw waith sgwennu a wnânt, ond yn raddol dônt i fwynhau rhannu llinellau a lluniau.

✱ Crewch 'flodeugerdd ddosbarth' – ffefrynnau'r plant a hefyd waith gorau'r plant. Rhowch ar ddeall iddynt mai dim ond gwaith arbennig sy'n cael ei gynnwys yn y flodeugerdd. Mae 'bwrdd cerddi' yn syniad da hefyd – casgliad o bethau sy'n atgoffa'r plant o leoliad neu destunau gwahanol gerddi sydd wedi'u hastudio yn y dosbarth. Cynhwyswch gerddi mewn *collage* neu furlun.

✱ Gofalwch fod sawl geiriadur a thesawrws ar gael yn rhwydd i'r plant bob amser. Anogwch hwy i'w defnyddio am hwyl, yn greadigol neu fel rhan o gêmau dosbarth yn hytrach na bod y llyfrau hynny'n cael eu gweld fel plismyn ieithyddol clawr caled sydd yno i gywiro gramadeg a sillafu yn unig. Mae rhestrau geiriau fel hyn fel aur i unrhyw un sy'n ymhél â sgwennu.

✱ Mae tapiau o farddoniaeth ar gael. Gallwch gael sbort yn creu rhai eich hunain hefyd

gyda'r plant yn perfformio, ychwanegu effaith sain ac ati.

✱ Annog plant i gadw llyfr bychan o hoff eiriau, geiriau sy'n swnio'n dda, hoff ymadroddion, llinellau da, rhestrau o odlau. Bydd hon yn chwarel o syniadau y gellir eu defnyddio a'u datblygu yn y dyfodol.

Wrth gyflwyno

Mae pedair prif adran i'r llyfr a dyma nodyn pellach i athrawon/arweinyddion ar bob un:

Darganfod geiriau

Mae un gair yn arwain at nifer o eiriau eraill ac mae'n werthfawr dysgu plant i edrych ar holl gysylltiadau geiriau – o safbwynt perthynas â geiriau eraill, cyfysytyron, croesystyron, seiniau, lliwiau a lluniau.

Cynorthwywch hwy i ddarganfod geiriau drwy greu rhestrau, drwy ymestyn y dychymyg yn llafar a thrwy ddatblygu doniau darllen ac ysgrifennu. Eu datblygu i allu tynnu lluniau gyda geiriau mor naturiol â defnyddio potiau paent ydi'r nod.

Odl

Mae dwy farn ynglŷn â chyflwyno odl i blant wrth geisio eu hysgogi i sgrifennu'n greadigol.

Mae un garfan yn mynnu bod odl yn crebachu'r dychymyg, yn eu harwain i gredu bod rhaid cael odl i greu barddoniaeth a bod popeth sy'n odli yn farddoniaeth. Mae odli, meddant, yn grefft sy'n rhaid ei meistroli cyn ei defnyddio – gall odli annog defnyddio geiriau a gwneud hynny yn ddiog, yn ddi-bwynt, yn ddisynnwyr ac yn hirwyntog. 'Cadwch draw rhag yr odl ar bob cyfri' yw eu rhybudd.

Mae eraill sy'n dweud bod odl yn rhan o hwyl naturiol plant wrth chwarae gyda geiriau. Maen nhw wedi ei darganfod trostynt eu hunain ac yn ei defnyddio cyn ei chanfod p'run bynnag. Mae'n amhosibl ei hanwybyddu a gellir ei defnyddio mewn gêmau geiriol i arwain plant at batrymau eraill o safbwynt sain, rhythm a chyfosod geiriau. Mae'n hwyl ac yn sbort ac yn ychwanegu at werth y wers – dim ond bod yn ofalus wrth ei chyflwyno, cyflwyno digon o batrymau amrywiol o odli a chofio cyflwyno digon o ddulliau eraill o greu swyn gyda geiriau ar yr un pryd.

Rhydd i bawb ei farn, ond i'r ail garfan yr ydw i'n perthyn.

Cytseinedd

Bydd plant yn aml yn dweud bod geiriau sy'n cytseinio â'i gilydd yn 'odli' â'i gilydd. Hynny yw, mae eu clustiau yn dweud wrthynt fod y sain yn un dda, ond dydyn nhw ddim yn medru gwahaniaethu rhwng odli a chytseinedd nes eich bod yn tynnu eu sylw at hynny. Odl yw diwedd geiriau yn dynwared ei gilydd ond mae eisiau iddynt fod yn effro i eiriau sy'n dynwared dechrau ei gilydd yn ogystal.

Rhythm

Ceisiwch orbwysleisio'r acenion mewn geiriau, gordaro trawiad y rhythm mewn llinellau er mwyn cynorthwyo clust y plant. Ymunwch â nhw bob amser os oes lle i guro dwylo neu gadw bît wrth lefaru neu gydadrodd darnau rhythmig arbennig.

DARGANFOD GEIRIAU

Coeden eiriau

Mae 'hel geiriau' yn hwyl. Cyn cychwyn walio, bydd y saer maen yn hel cerrig o'i gwmpas ac yn eu trin a'u dosbarthu gan ddechrau ar y gwaith o'u rhoi at ei gilydd yn ei feddwl yn gyntaf, cyn mynd ati gyda'i ddwylo.

Cyn dechrau sgwennu, mae'n bwysig i ninnau weld pa eiriau sy'n eu cynnig eu hunain inni ac yna dilyn trywydd y geiriau hynny i ganfod mwy a mwy o eiriau. Un ffordd o weithio fel hyn yw ar ffurf coeden.

Beth am ddechrau gyda'r gair coeden? Dyma 'fôn y goeden' fel petai ac oddi wrth y prif foncyff y bydd y gwahanol ganghennau yn tyfu a'r gwreiddiau yn gwthio eu ffordd drwy'r pridd. Un gangen amlwg o eiriau yw enwau coed; cangen arall yw enwau yn ymwneud â'r goeden; ansoddeiriau yn disgrifio'r dail ar wahanol adegau o'r flwyddyn; geiriau sy'n cynnig lluniau o batrymau canghennau coed; hefyd geiriau am y tir lle mae'r coed yn tyfu; cynnyrch coed ac ati nes yn y diwedd bydd gennym goeden fawr ganghennog. Dyma enghraifft o goeden o eiriau sy'n tyfu o'r gair 'Tywydd':

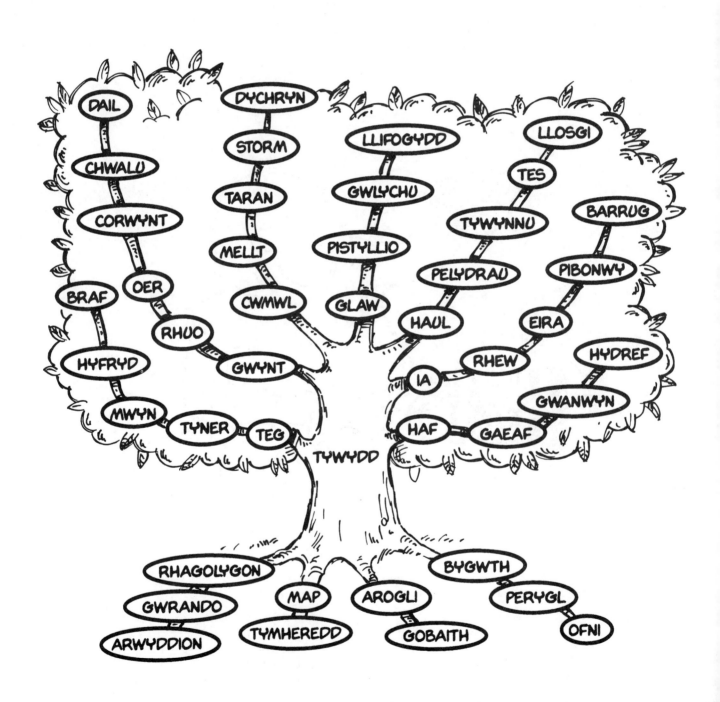

Ar ôl hel geiriau yn y dull hwn, mae'n haws dewis a dethol. Rydym yn sylweddoli bod rhai geiriau yn tywys geiriau eraill i'w canlyn, fel tractor yn tynnu trelar. Mae perthynas rhwng geiriau a'i gilydd; mae geiriau yn blaguro yn eiriau eraill.

Mae modd tynnu yr un llun o sawl ongl wahanol wrth ddefnyddio camera; yn yr un modd gellir cyfleu yr un syniad drwy ddefnyddio gwahanol gyfuniadau o eiriau.

Meddyliwch am enwau ysgolion, er enghraifft. Mae ysgol yn llawn o blant, yn llawn o obaith am y dyfodol. Mae enw ambell ysgol yn awgrymu hynny. Meddyliwch am Ysgol Llwyncelyn yn y Rhondda – mae nifer o eiriau yn medru tyfu o'r gair 'llwyn' ac mae cysylltiadau Nadoligaidd gan yr enw 'celyn'. Lluniodd disgyblion yr ysgol honno ddwy goeden fel hyn:

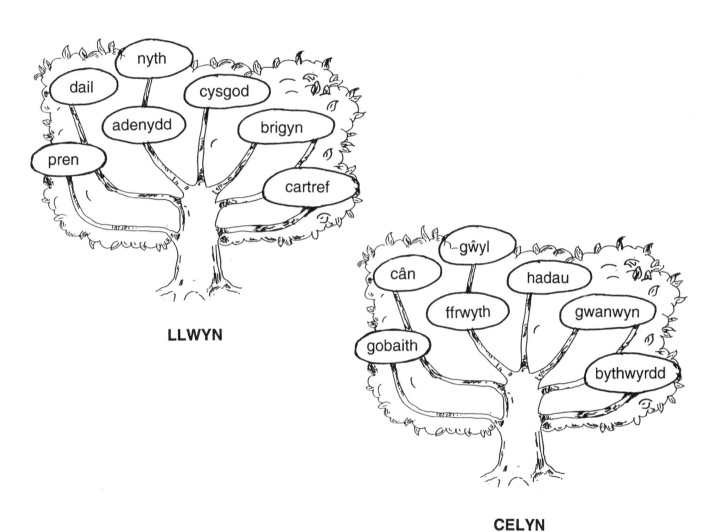

LLWYN

CELYN

Gofynnwyd i'r disgyblion ddewis parau o eiriau – un o bob coeden i weld beth fyddai'n digwydd wrth briodi gwahanol eiriau â'i gilydd. Ar ôl arbrofi gyda llawer o gyfuniadau, dewiswyd y rhestr ganlynol. Er mai dim ond rhestr o barau o eiriau sydd ynddi, mae'n gerdd syml sy'n adeiladu'r lluniau a chreu teimlad arbennig wrth orffen gydag enw'r ysgol.

Ysgol y cwm
Pren bythwyrdd
Adenydd cân
Nyth hadau
Brigyn ffrwyth
Cartref Gŵyl
Cysgod gwanwyn
Dail gobaith
Llwyn celyn

Dull arall o wneud yr un peth yw rhestrau o eiriau o dan wahanol benawdau. Mae'r dosbarth yn ymweld â glan y môr. Yno mae saer llongau wedi adeiladu cwch hwylio newydd sbon ac mae'n rhaid cael enw iddi. Sut mae mynd ati?

Unwaith eto, rhaid hel geiriau . . .

Enwi'r cwch

Mae'r cwch yn perthyn i'r môr – pa greaduriaid eraill sy'n perthyn i'r môr?

Mae hwyl y cwch yn wen, yn debyg i aden aderyn. Pa eiriau/enwau sy'n perthyn i fyd adar?

Mae rhai cychod yn cael eu henwi ar ôl yr adeg y cawsant eu lansio i'r dŵr. Pa adeg o'r flwyddyn fyddai hynny?

Rhaid cael gwynt i yrru'r cwch. Pa enwau sy'n codi wrth feddwl am y gwynt a'r tywydd?

Mae gwynder yn perthyn i'r cwch – pa enwau eraill sy'n awgrymu gwynder?

Mae antur a môr-ladron ar y môr. Pa eiriau sy'n cynnig cip ar hynny inni?

Geiriau sy'n perthyn i'r môr?

Mae blodau gwyn yn ein hatgoffa o'r cwch – ac yn atgoffa'r morwr bod y cwch, fel y blodyn, wedi'i wreiddio yn y tir, yn yr harbwr ar y lan. Fedrwch chi enwi rhai?

Mae'r morwyr ar y moroedd am wythnosau ar y tro weithiau. Yn naturiol, byddant yn gweld chwithdod ac yn hiraethu am eu cartrefi ac am eu hanwyliaid. Yn sicr, mae hiraeth yn perthyn i'r môr a'i donnau. Fedrwch chi ddatblygu'r rhestr hon?

Sŵn y môr wedyn – mae amrywiaeth o eiriau yn bosibl i ddisgrifio hynny.

Dilynwch eich trwyn a'ch trywydd eich hun ac yn y diwedd bydd gennych restrau o eiriau defnyddiol fel hyn:

creaduriaid y môr	adar
pysgodyn	gwylan
siarc	albatros
morfil	hwyaden
dolffin	adenydd
seren fôr	pluen
morlo	

adeg o'r flwyddyn	tywydd
Gorffennaf	gwynt
Medi	awel
Awst	chwa
Mai	hindda
Mehefin	glaw
gwanwyn	cwmwl
haf	

gwynder	antur
arian	trysor
llaeth	creigiau
llefrith	ynys
papur	esgyrn
hufen	cist
eira	modrwy
gwlân	aur
cynfas	baner
blawd	

môr	blodau
ewyn	rhosyn
tonnau	lili wen fach
cerrynt	eirlys
heli	lili
môr-forwyn	llygad y dydd
tywod	blodau'r gwynt
gwymon	

19

hiraeth	**sŵn**
ffarwél	murmur
serch	wylo
cariad	suo
calon	chwiban
cartref	cri
	mwstwr
	nodyn
	llais
	sibrwd
	cerdd

cwch	**llun yn codi o'r cwch**
hwyl	ysbryd
rhaff	nodwydd
lliain	alarch
pren	llygad
llyw	edau
hwylbren	heddwch
rhwyf	

Un cam sydd ar ôl i'w gymryd er mwyn enwi'r cwch. Edrychwch ar y rhestrau ac yna ewch ati i roi dau air o ddwy restr wahanol at ei gilydd gan flasu'r enw newydd. Os oes rhywbeth yn dda, rhyw ddarlun, rhyw sain dda yn perthyn i'r enw – dyna gychwyn da ar y daith i dynnu rhestr fer o enwau i'r cwch hwylio a welsoch ar y traeth.

Dyma enghreifftiau gan blant ysgol:

HIRAETH Y MÔR
TONNAU CALON
HALEN YR HELI
GWYMON GWYLLT
RHOSYN GWYN
YNYS Y TRYSOR
ARIAN LLOER
GWYLAN WEN
CALON Y MÔR
CANTOEDD
Y FODRWY AUR
TRYSOR YR HAF
YNYS FELEN
ANTUR Y MÔR
AWEL AWST
ARIAN BYW
HIRAETH Y TONNAU
HIRAETH HAF
CWMWL SERCH
MÔR HWYL

Does dim rhaid aros gydag enwi cwch neu dŷ (neu garafán neu awyren). Gallwch ddefnyddio'r un dull er mwyn cael pâr o eiriau sy'n cyfleu profiadau fel **storm, eira, cath, oen bach, mynydd, llyn** ac ati. Enwi trwy dynnu lluniau yw un o'r pethau mwyaf hwyliog ynglŷn â barddoniaeth.

Enwi tŷ

Mae rhai pobl yn cael trafferth fawr i ddewis enw ar dŷ newydd. Edrychwch o'ch cwmpas a sylwch mor syml mewn gwirionedd yw enwau tai. Eto, maen nhw'n swynol a hyfryd dros ben hefyd pan fyddwn ni'n oedi i feddwl am ystyr y geiriau.

Dyma ffordd syml o fynd ati i greu enw ar dŷ.

Yn gyntaf, casglwch enwau Cymraeg ar dai a ffermdai yn eich ardal. Holwch adref, astudiwch fapiau, chwiliwch am restrau etholwyr.

Yna, rhestrwch y gwahanol enwau sydd gennym ar wahanol dai, neu enwau darn o dir a ddefnyddiwyd i godi tŷ arno. Dyma'r golofn gyntaf – y golofn hir.

Yna, crewch wyth o flychau gan roi gwahanol benawdau iddynt gan ddilyn patrymau enwau tai sy'n gyfarwydd i chi. Dyma rai enghreifftiau ond mae llawer mwy i ddewis ohonynt, e.e. enwau yn gysylltiedig ag afon, ffermio, enwau pobl ac ati.

enwau ar dai	adar	anifeiliaid
Tŷ	dryw	llwynog
Hafod	eryr	draenog
Hendre	mwyalch	llygoden
Fferm	brain	carw
Tyddyn	gwylan	mochyn
Bwthyn	gog	llyffant
Plas	titw	
Castell		
Llety	**lliw**	**mynydd-dir/môr**
Lle	coch	bryn
Man	gwyn/wen	bwlch
Erw	glas	craig
Llain	melyn/felen	gorwel
Llecyn	du	ynys
Bod		tonnau
Maes		ewyn
Parc		
Muriau	**gwaith**	**coed a blodau**
Caban	coediwr	llwyn
Cartref	crydd	meillion
	teiliwr	dail
	pysgotwr	celyn
	heliwr	helygen
	saer	brigau
	gof	petal
	siâp/nodwedd	**tywydd/tymor**
	hir	heulog
	cam	barrug
	cerrig	gwynt
	pridd	Mai
	tawel	Hydref
	llawen	enfys
	gwaelod	drycin
		niwl

Dewiswch un enw o'r golofn hir a'i gysylltu â gair addas o un o'r blychau. Dyna un enw tŷ. Lluniwch rhyw chwe enw ac yna dewiswch un enw sy'n ffefryn gennych. Ydi'r enw yn awgrymu llun? Beth am lunio papur sgwennu llythyrau crand i'r tŷ gyda llun y tŷ yn un gornel a'r cyfeiriad llawn gyferbyn.

Defnyddiwch yr un patrwm i ddyfeisio enw stryd ac enw tref neu bentref.

Caban y Coed,
Maes Derw,
Llangollen.

Bwthyn y Brain,
Lôn y Nythod Blêr,
Tregrawcian.

Erw Mai,
Ffordd yr Eithin,
Caergog.

Sŵn y Môr,
Heol y Traeth,
Abercregyn.

Mae llawer o ddewis wrth chwilio am enwau cyntaf stryd neu stad: Heol, Lôn, Maes, Ffordd, Rhodfa, Erw, Cae a Stryd. Yn yr un modd, mae patrymau i enwau trefi a phentrefi hefyd gyda'r elfen gyntaf yn medru bod yn Llan, Aber, Caer, Betws, Capel, Tre, Pentre neu Dinas. Dewis yr ail elfen sy'n bwysig wrth gwblhau'r cyfeiriad – chwiliwch am enwau sy'n cadw at naws ac yn tyfu o enw'r tŷ:

Beth yn y byd ydi'r bêl?

Welwch chi hon ar gledr fy llaw i?

Gwelwch, debyg iawn – pêl fawr goch ydi hi.

Ond arhoswch funud, cyn inni fynd allan i'w chicio a'i phasio, ei thaflu a'i dal, rydan ni am chwarae â hi yn y dosbarth yn gyntaf.

Edrychwch ar y bêl unwaith eto.

Edrychwch **drwyddi** hi rŵan i weld pethau eraill. Yn union fel edrych drwy'r giât bren i weld coed yn y cae, neu edrych drwy'r môr i weld yr awyr las uwchben, edrychwch ar y bêl.

Beth welwch chi? Dyma ichi rai atebion gefais i yn Ysgol y Parc, Y Bala:

- haul
- plât
- wyneb
- pitsa
- balŵn
- y llythyren 'o'
- llyn
- pen
- byd
- crempog
- olwyn
- smarti
- cannwyll y llygad
- afal
- botwm
- cloc
- ffroen
- ffrisbi
- UFO
- padell ffrïo

Ac rwy'n siŵr y gwelwch chi lawer o bethau eraill. Ac rydych chi i gyd yn iawn wrth gwrs. Mae pêl yn medru ein hatgoffa ni o'r pethau hyn i gyd.

Drwy wneud hyn, rydan ni'n defnyddio llygad gwahanol i'n llygad bob dydd. Llygad camera yw ein llygad bob dydd, sy'n dangos dim ond yr hyn sydd i'w weld inni. Ond mae gennym lygad arall hefyd a llygad y dychymyg ydi hwnnw. Mae llygad y dychymyg yn ein galluogi ni i edrych ar un peth a gweld rhywbeth arall.

Edrych ar hen goeden a gweld gwrach . . .

Edrych ar graig a gweld pen cawr . . .

Edrych ar flodau a gweld tylwyth teg . . .

Edrychwch chithau *drwy* bethau nes gweld rhyfeddodau eraill. Dyna ichi restr o bethau da i graffu arnyn nhw er mwyn ymarfer y grefft:

cymylau yn yr awyr
cysgodion cymylau ar y tir
fflamau tân
lli afon o ben y bont
wal gerrig
brigau coed yn y gaeaf
patrymau'r tonnau ar draeth

Ydych chi wedi gweld soser hedegog erioed? Pwy sydd wedi gweld dyn o Mars? Pa liw ydi o? Faint o bennau sydd ganddo fo? Faint o lygaid ym mhob pen? Pa mor dal ydi o? Oes ganddo glustiau? Beth sydd ar ei ben? Beth mae'n ei wisgo? Sut mae'n siarad? A beth mae'n ei fwyta? – Ie, *Mars Bar* wrth gwrs!

Mae'n amlwg eich bod chi'n gyfarwydd iawn â'r dyn bach o blaned Mawrth, ond pa mor gyfarwydd ydi o gyda'n byd ni a'i bethau, tybed? Dychmygwch ei fod yn cerdded i mewn drwy'r drws acw yr eiliad hon. Newydd lanio yn y cae y tu ôl i'r ysgol y mae, ac nid yw wedi cael amser i ymweld ag unlle arall oni bai am y siop fwyd fawr ar gwr y dre. Mae wedi gweld pa fwyd rydan ni'n ei fwyta felly ac wedi gweld rhai pethau sydd gennym o gwmpas y tŷ.

Pan ddaw i mewn drwy'r drws, dychmygwch ein bod ni wrthi'n sôn am gŵn. Does ganddo ddim syniad beth yw ci, wrth gwrs. Dydi o erioed wedi gweld un. Mae un ferch yn dweud bod ganddi bŵdl gartref.

'Pwd-yl? Be-yd-i-pwd-yl?' gofynna'r dyn o blaned Mawrth mewn acen Farsaidd.

Waeth heb na dweud ei fod yn debyg i ryw anifail oherwydd dydi'r ymwelydd ddim yn gwybod beth ar y ddaear ydi anifail. Dydi o ddim yn perthyn i'n daear ni, wrth gwrs – perthyn i'r gofod y mae o.

Yn sydyn, dyma gael syniad. Mae wedi teithio drwy'r awyr, felly mae'n gyfarwydd â phethau sydd yn yr awyr. Beth i fyny yn y fan honno sy'n debyg i bŵdl? Beth sy'n wyn, yn feddal, yn wlanog, yn ysgafn ac weithiau'n hirgrwn fel pŵdl?

Ie! Cwmwl!

Mae'r dyn dieithr yn dechrau deall sut fath o beth yw pŵdl yn awr. Ond dyma gofio am yr archfarchnad. Os ydi o'n gwybod sut fath o fwyd rydan ni'n ei fwyta, yna pwy fedr ddweud wrtho sut fath o fwyd ydi pŵdl?

Nage, nid *hot-dog*.

Edrychwch ar bŵdl a cheisio gweld llun rhyw fath o fwyd. Ie, dewch inni glywed:

- myráng
- hufen iâ
- pasta
- stwnsh tatws ar bedair sosej
- marshmalo
- candi fflòs ar ffyn
- semolina
- pwdin reis
- iogyrt
- saws caws
- *mayonnaise*
- siwgwr
- blawd
- tu mewn torth
- blodfresych
- nŵdls

Digon gwir. Nŵdl yw'r pŵdl.

Anghofiwch am yr ymwelydd o blaned Mawrth, anghofiwch am y siop fwyd – ac anghofiwch am y pŵdl, dros dro. Edrychwch ar y parot.

Pwy all ddisgrifio holl liwiau swnllyd y parot drwy ddychmygu lluniau gwahanol?

- storm drydanol
- enfys
- goleuadau traffig
- paced o *Smarties*
- ffelt-pens yn sgrechian
- casgliad o boteli inc
- gwely o flodau

Daliwch ati ....
....
....

Pa un yw'r gorau gennych chi? Awn ymlaen at greadur arall. Beth am y teigar? Anifail peryglus, oren a du, streipiog. Pa luniau welwch chi?

25

– ffenest carchar yn y machlud
– dannedd drwg mewn tanjarîn
– tân yn y coed tal

Daliwch ati ....
....
....
....

Lluniwch restr faith o'ch lluniau a dewiswch y gorau eto. Draenog nesaf. Welwch chi luniau ar ei gyfer yntau?

bocs o hoelion

....
....
....
....

Beth am roi rhywfaint o siâp i'r holl luniau yma? Dyma ichi un cynnig:

**Efallai mai paced o Smarties yw'r parot,
Efallai mai tân yn y coed tal yw'r teigar,
Efallai mai bocs o hoelion yw'r draenog,
– Ond nŵdl yw'r pŵdl.**

Meddyliwch am yr holl luniau posibl ac yna detholwch y rhai gorau i lenwi'r bylchau yn y llinellau hyn:

**Efallai mai .... yw'r fflamingo,
Efallai mai .... yw'r cadno,
Efallai mai .... yw'r morlo,
– Ond nŵdl yw'r pŵdl.**

**Efallai mai .... yw'r mwnci
Efallai mai .... yw'r milgi
Efallai mai .... yw'r twrci
– Ond nŵdl yw'r pŵdl.**

**Efallai mai .... yw'r carw
Efallai mai .... yw'r tarw
Efallai mai .... yw'r gwcw
– Ond nŵdl yw'r pŵdl.**

Enghreifftiau eraill:

Efallai mai disgo hipi-pop yw'r parot,
Efallai mai chwaraewr cloff o Newcastle yw'r pengwin,
Efallai mai candi-fflòs ar stilts yw'r fflamingo,
Ond nŵdl yw'r pŵdl.

Efallai mai *pogo-stick* efo bag yw'r cangarŵ,
Efallai mai arth wedi ei lapio mewn papur newydd yw'r panda,
Efallai mai dyn yn paragleidio yw'r eryr,
Ond nŵdl yw'r pŵdl.

Efallai mai llinyn gwyrdd yw'r neidr laswellt,
Efallai mai gofodwr gwyrdd ar drampolîn yw'r llyffant,
Efallai mai sebra'n mynd i'r disgo yw'r teigr,
Ond nŵdl yw'r pŵdl.

Ysgol Plas Coch, Wrecsam

Llun mewn llinell

Dull arall o gyflwyno lluniau yw rhoi'r enw yn gyntaf a'r llun wrth ei gynffon. A chofio am yr ymarferiad blaenorol, beth am gasgliad tebyg i hyn:

Anifeiliaid
Teigr, sebra yn mynd i'r disgo;
Panda, arth wedi'i lapio mewn papur newydd;
Draenog, bocs o hoelion;
Llyffant, gofodwr gwyrdd ar drampolîn;
Pŵdl, marshmalo ar bedair coes.

Mae pob anifail yn cael ei enwi yn ei dro ac yna cawn lun llawn dychymyg o'r creadur yng nghymal olaf y llinell. Er mai llinellau unigol sydd yma, o gael casgliad o enwau ar yr un thema, gellir creu mwy o undod i'r gerdd.
Dyma waith plant Ysgol Bro Garmon:

Y Tywydd yn ein Pentref
Glaw, fel rhywun yn crio;
Rhew, yn llithrig fel dŵr ar lawr;
Haul, yn fflachio fel golau trydan;
Mellten, yr awyr yn hollti;
Gwynt, fel sychwr gwallt.
Eira, *chippings* yn dod i lawr;
Storm, fel rhywun yn gweiddi am gymorth.

Meddyliwch am destun neu thema, yna meddyliwch am nifer o enwau sy'n perthyn i'r testun hwnnw (yn null y goeden eiriau). Ymestynnwch ddychymyg y dosbarth wedyn i greu pob mathau o gyffelybiaethau. Trafodwch a dewiswch y casgliad gorau. Dyma ddau batrwm posibl:

Mynyddoedd
Craig, ...
Copa, ...
Llwybr, ...
Bwlch, ...
Llyn, ...
Dringwr, ...
Golygfa, ...

Car
Olwyn, ...
Drych, ...
Weipars glaw, ...
Bonet, ...
Lampau nos, ...
Bympar, ...
Injan, ...

Gweld

Oes rhywun wedi dweud wrthych chi erioed eich bod chi'n clywed yn berffaith iawn, eto'n gwrando dim? Y cyfan yn mynd i mewn drwy un glust ac allan drwy'r llall! Mae honno'n hen gŵyn – a dydi hi ddim yn broblem sy'n gyfyngedig i'r ysgol yn unig chwaith!

Mae'r un peth yn wir am ein llygaid – rydym ni'n edrych weithiau, eto ddim yn gweld. Sawl gwaith fuoch chi'n edrych ar y teledu eto heb syniad pa raglen oedd ar y sgrîn? Neu deithio yn y car gan edrych drwy'r ffenest, eto heb syniad am ddim byd o'ch cwmpas? Edrych heb weld – mae'n beth cyffredin iawn.

Mae cerdd fer wedi'i chreu yn y Gymraeg sy'n dangos yr hyn sy'n cael ei weld mewn ardal arbennig. Mae'r awdur yn dychwelyd adref ar ôl cyfnod ymhell i ffwrdd. Mae ganddo hiraeth am ei hen fro ond yn lle dweud hynny yn blwmp ac yn blaen, yr hyn mae'n ei wneud yw sylwi ar y pethau yn ei hoff ardal sy'n gwneud y llecyn hwnnw yn annwyl iddo – pethau bach syml fel adar a lliw'r mynydd a'r môr a'r tai. Darllenwch:

Gweld deryn gwyllt, gweld derwen gam,
– gweld mawn
A gweld môr yn wenfflam;
Gweled brwyn ar dwyn dinam
A gweled mwg aelwyd Mam.

Enw'r bardd yw J.J. Williams ac mae wedi llwyddo i ddal pethau mawr drwy sôn am y pethau bychain.

28

Ewch chithau allan i fuarth yr ysgol, pob un ohonoch gyda phapur a phensel a threuliwch dri munud yn edrych ar yr olygfa gyfarwydd ond gan sylwi yn fanwl arni. Ceisiwch **weld** pethau. Rhaid ichi weithio ar eich pen eich hun oherwydd mae gan bob un ohonom ein llygaid ein hunain ac rydym yn gweld pethau gwahanol i'n gilydd, er ein bod yn edrych ar yr un olygfa. Felly, dim siarad. Sgwennwch un gair am bopeth rydych yn sylwi arno. Nid cystadleuaeth y rhestr hwyaf ydi hon – felly dim catalog hir o enwau, os gwelwch yn dda. Mae rhyw bedwar gair yn ddigon – ceisiwch sylwi ar bethau gwahanol a gwreiddiol.

Reit, dyna ddigon o nodiadau. Yn ôl i'r stafell ddosbarth â ni ac yn awr rhaid mynd ati i lunio llinellau tebyg i'r rhai yn yr englyn. Mae'n syniad rhoi'r gair 'gweld' ar ddechrau pob llinell. Os dymunwch, gellwch ddefnyddio'r llinell 'Gweld deryn gwyllt, gweld derwen gam' fel eich llinell gyntaf chithau. Pawb i fynd ati i lunio rhyw bedair llinell.

Yna, darllenwch nhw yn uchel i'ch gilydd, pawb yn ei dro. Mae rhai ohonoch yn siŵr o fod wedi sylwi ar yr un pethau – cyfunwch gynnwys eich llinellau i greu un llinell dda am y testun hwnnw. Sgwennwch eich hoff linellau ar y bwrdd du. Trafodwch nhw – oes modd gwella ar rai ohonynt? Yn y diwedd, dylech fod â chyfres o linellau sy'n portreadu'r pethau oedd i'w gweld o fuarth eich ysgol chi ar amser penodol ar un diwrnod arbennig.

Dyma ichi enghreifftiau:

O Fuarth Ysgol Ysbyty Ifan
Gweld dillad ar y lein yn ysgwyd,
Gweld bwncath yn hedfan uwch coeden gnau,
Gweld fy nhad yn ffensio yn yr ardd,
Gweld olwyn ddŵr lonydd, gweld cwt y saer yn rhydu,
Gweld ffermydd llwm, gweld mynydd trist,
Gweld yr adlewyrchiad yn y dŵr llonydd,
Gweld cennin Pedr yn gwthio'u trwynau o'r pridd,
Gweld bỳs Sel yn dod â phobl o'r dre,
Gweld bag Asda ar y brigau
A gweld William efo pensal ysgol.

O Fuarth Ysgol Llanddoged
Gweld parc a'r siglen yn symud yn araf,
Gweld mynydd a'r eira yn llifo drosto,
Gweld ffesant dew yn croesi'r ffordd,
Gweld polion teliffon yn cario newyddion,
Gweld eglwys fawr a chapel bach,
Gweld awyr lwyd a chaeau glas,
Gweld blodau gwyllt, gweld ffarm drws nesa,
Gweld fan y postman yn dod drwy'r baw,
Gweld haul yn disgleirio
A gweld plant yn gweld hyn i gyd.

O Fuarth Ysgol Llanfyllin
Gweld cwmwl llwyd yn cuddio'r haul,
Gweld mynyddoedd efo niwl trostynt yn y pellter,
Gweld cysgodion y coed llwm, llonydd,
Gweld aeron coch ar y griafolen,
Gweld Ffair y Bala yn y dail,
Gweld yr ysgol fawr fel bloc o gaws Leicester
A gweld pridd fel inc du, a'r plant yn sgwennu.

Drwy Ffenest Ysgol Twm o'r Nant
Gweld blanced wen o niwl yn cael ei thynnu dros y mynyddoedd,
Gweld Moel Dywyll wedi lapio'n dynn,
Gweld defaid fel plu eira yn chwilio am fwyd,
Gweld y coed a'r tai yn closio at ei gilydd,
Gweld yr hydref yn disgyn o'r coed
A gweld y byd drwy ffenest ysgol.

Cae Ysgol Morgan Llwyd ym mis Tachwedd
Gweld blanced wen, lwyd yn disgyn dros y dre,
Gweld llygaid yng nghorff y coed,
Gweld ysbrydion adar yn chwilio am fwyd,
Gweld carped lliwgar ar y llawr yn crensian dan ein traed,
Teimlo'r gwynt yn pigo fel drain ar fy moch,
Clywed y plant yn gweiddi wrth chwarae pêl-droed,
Gweld siapiau sgidiau yn y mwd tywyll,
Gweld planhigion yn marw un ar ôl un
A gweld llwybr fel lleuad.

Enwau byw

Mae Indiaid Cochion Gogledd America yn credu'n gryf bod geiriau yn medru gwneud i bethau rhyfedd ddigwydd – yn arbennig geiriau wedi'u clymu wrth ei gilydd mewn ffordd arbennig. Mae geiriau felly fel pe baen nhw yn fyw. Wrth:

* ofyn am dywydd da
* hela
* baratoi ar gyfer priodas
* ymladd yn erbyn afiechyd
* deithio
* blannu cnydau
* groesi afon wyllt mewn canŵ

mae'r Indiaid yn defnyddio geiriau arbennig mewn ffordd arbennig am eu bod yn credu bod rhyw hud yn perthyn i'r geiriau hynny. Weithiau, maen nhw'n dawnsio a llafarganu geiriau yr un pryd. Un o'r dawnsfeydd hynny yw 'Dawns y Glaw' pan fydd yr Indiaid yn galw ar yr awyr i roi glaw i'r ddaear. Wrth ganu'r geiriau, wrth dddawnsio'r ddawns, maent yn credu bod yr haul yn cael effaith ar y cymylau.

Ydych chi wedi gweiddi ar dîm pêl-droed neu dîm rygbi erioed? Ydych chi'n credu bod gweiddi rhai geiriau yn gymorth i'ch tîm chi guro eu gelynion ar y maes chwarae? Beth fyddwch chi'n ei weiddi? Efallai yn wir *fod* geiriau yn medru gwneud i bethau ddigwydd. Ond mae'n rhaid dewis y geiriau'n ofalus a'u trin yn ofalus. Geiriau arbennig mewn patrwm arbennig.

Mae gan bob un ohonom ni enw ac yn aml iawn, mae rhyw stori y tu ôl i bob enw. Pan fydd babi bach yn cael ei eni, mae pawb yn holi:

'Oes gennych chi enw arno fo (neu arni hi) eto?'

Mae enw yn rhywbeth arbennig a bydd rhieni yn meddwl llawer cyn dewis enw ar eu plentyn.

Mae'r Indiaid Cochion yn credu bod nerth mewn enw hefyd. Fel arfer, bydd Indiad yn camu allan o'r wigwam, neu'r tipi, ar ôl gweld ei blentyn am y tro cyntaf a bydd yn edrych o'i gwmpas am arwydd i'w roi'n enw ar y plentyn. Bydd enw'r plentyn yn perthyn i amser arbennig ac i bethau yn y byd a'r awyr pan gafodd ei eni. Dyna pam mae enwau plant yr Indiaid yn enwau syml sy'n agos at natur, ond eto yn llawn hud ac yn deffro'r dychymyg:

* Cwmwl Coch
* Saeth Awyr
* Pawen Hapus
* Pluen Eryr
* Pysgodyn Arian
* Haul Hydref
* Seren Fore

Sut fath o enw?

Meddyliwch am fyd yr Indiaid Cochion. Sut fath o enwau fyddai yn eu cynnig eu hunain iddyn nhw? Dyma ichi hwb i ddechrau ar eich rhestrau:

Adar ac anifeiliaid

blaidd	
afanc	
arth	
byffalo	
ci	
eryr	
tylluan	
brân	
llygoden	
hebog	eog
march	piwma
tarw	carw
neidr	llwynog

Byd yr Indiad

cyllell	croen
saeth	carthen
bwa	tân
wigwam	mwg
pabell	haearn
bwyell	pren

Y byd a'r cread

seren	
haul	coeden
cwmwl	gwawr
afon	nos
llyn	mellten
dŵr	craig
storm	mynydd
glaw	haf
gwanwyn	taran
blodyn	heulwen

Deffro'r dychymyg

Ychwanegwch at y rhestrau uchod. Meddyliwch am enwau da ar fachgen a merch un o lwythau'r Indiaid Cochion drwy edrych ar yr enwau sydd gennych:

* rhowch **ddau enw at ei gilydd** i weld beth all ddigwydd
* ychwanegwch **enwau lliwiau** ar ôl enwau ar y rhestrau
* rhowch **eiriau sy'n disgrifio** ar ôl rhai o'r enwau – geiriau fel hapus, ifanc, gwyllt, tawel, ffyrnig, cryf, cynnar

Dewiswch eich hoff enwau ar y ddau blentyn. Oes rhyw hud yn perthyn i'r enwau hyn? Pam?

Enwau meddal

Mae'r Indiaid Cochion yn medru clywed y ddaear yn siarad. Weithiau, wrth hela neu bysgota, bydd yr Indiaid yn dod ar draws afon na welsant mohoni o'r blaen. Oherwydd hynny, does ganddyn nhw ddim enw yn eu hiaith nhw ar yr afon honno. Yr hyn fyddan nhw'n ei wneud ar adegau felly fydd aros yn dawel ar lan y dŵr a gwrando ar yr afon yn siarad. Cyn hir, bydd yr afon wedi dweud ei henw wrth yr Indiaid. Os mai afon dawel, lonydd yw hi, bydd yn *sibrwd* ei henw. Ond os mai afon wyllt, fyrlymus yw hi, bydd yn *llafarganu* ac yn *tasgu* ei henw yng nghlyw'r Indiaid.

Mae hyn yn wir am y Gymraeg hefyd. Mae rhai afonydd yn cael eu henwi yn ôl eu sŵn: Clywedog (hawdd ei chlywed), Llafar. Dyfeisiwch enwau addas i afon arbennig yn eich ardal chi:

a) yn ei llifeiriant adeg stormydd y gaeaf
b) wedi rhewi
c) adeg sychder yr haf

Rhowch sylw i liw, sŵn a nerth yr afon.

Mae iaith yr Indiaid felly yn **dynwared** sŵn y ddaear. 'Dynwared' ydi gwneud sŵn tebyg i rywbeth arall. Mae geiriau eu hieithoedd yn swnio'n debyg i'r hyn maen nhw yn ei glywed o'u cwmpas. Mae hynny'n wir am y Gymraeg weithiau hefyd – mae'r gog yn cael ei galw'n 'gwcw' mewn rhai ardaloedd am mai dyna yw ei chân hi: 'Gw-cw. Gw-cw'. Mae'r gwdihŵ, y siff-

saff a'r rygar-rug yn adar eraill a gafodd eu henwi ar ôl y gwahanol synau y maen nhw'n eu gwneud.

Mae'r Indiaid yn byw yn llawer nes at y ddaear ac at natur na ni, ac felly maen nhw'n clywed ac yn deall iaith y ddaear yn well na ni. Maen nhw'n medru adnabod ysbryd y ddaear ac maen nhw'n gwybod bod rhaid iddyn nhw ddangos parch at yr ysbryd hwnnw.

Fuoch chi erioed yn gwersylla mewn pabell?

✳ Oedd yr haul yn eich deffro yn gynnar wrth dywynnu'n llachar drwy waliau cynfas y babell?
✳ Glywsoch chi'r gwynt yn ysgwyd y babell ar noson stormus?
✳ Oeddech chi'n teimlo yn agos at natur?
Efallai ichi deimlo fel Indiaid Cochion!

Pan fyddwn ni'n gwersylla, byddwn ar ein gwyliau fel arfer, ond er hynny, bydd y tywydd yn siŵr o effeithio yn fwy arnom na phetaem ni gartref mewn tŷ cadarn. Mae gwres llethol neu law trwm neu wynt cryf yn sicr o adael ei ôl arnom ar adegau felly. Gallwch ddeall felly bod yr Indiaid Cochion yn byw yn agos at y tywydd – maen nhw'n gwersylla yn ystod rhew ac eira eu gaeafau hyd yn oed! Mae gaeaf hir, neu dymor maith o sychder, yn pwyso'n drwm ar yr Indiaid.

Ar adegau o'r fath, byddant yn galw ar gymeriadau'r awyr a gofyn am dro yn y tywydd. Dweud eu bod nhw wedi cael llond bol y maen nhw, mewn gwirionedd, ond gan eu bod yn parchu ysbryd y ddaear, does wiw iddyn nhw fod yn rhy ddigywilydd a siarad yn rhy blaen eu tafodau. Maen nhw'n gwybod bod y gwynt yn gryfach na chant o ddynion; maen nhw'n gwybod am nerth glaw ac ergyd taran a churiad cenllysg. Maen nhw'n gwybod bod cymeriadau'r tywydd ac ysbrydion y ddaear yn fwy grymus na dyn.

Dydyn nhw ddim eisiau gwylltio'r gaeaf na gwneud i'r storm golli'i thymer a throi yn gasach fyth tuag atyn nhw. Oherwydd hynny, maen nhw'n defnyddio yr hyn maen nhw'n eu galw yn **eiriau meddal** wrth siarad gyda'r gwahanol elfennau. Nid dweud wrth ysbryd y glaw ei fod wedi gwlychu'r pridd nes ei fod o'n fôr o fwd y maen nhw. Nid pwyntio bys fel yna, ond dweud yn dawel bod y ddaear

'wedi gwlychu at ei chroen'.

Nid dweud bod y glaw yn tywallt i lawr ar ben y coed, ond dweud bod

'y coed yn crio'.

Dyna ydi **geiriau meddal** – mae'r ystyr wedi ei guddio ychydig bach.

Rydan ni'n deall beth sy'n cael ei ddweud, rydan ni'n teimlo'r cysylltiad – ond dydi'r geiriau ddim yn flin, ddim yn siarad yn blaen. Maen nhw'n parchu ysbryd y ddrycin.

Bydd yr Indiaid yn canu a dawnsio ac yn perfformio'r geiriau, gan obeithio y bydd y tywydd drwg yn eu clywed. Maen nhw'n enwi'r tywydd, yn sôn am yr hyn sy'n digwydd ar y ddaear oherwydd y tywydd drwg ac yna yn annog tro yn y tywydd.

Dyma eiriau tair o ddawnsfeydd tywydd yr Indiaid:

Rhew

Rhew, rhew!
Mae fy wyneb i'n las.
Mae fy nghefn yn gam.
Cilia! Cilia!

Haul

Haul, haul!
Wyt ti byth yn blino
Gweld y cymylau duon
Rhyngot ti a mi?
Rho wên, rho wên!

Storm

Storm, storm.
Mae'r brigau'n chwifio.
Mae'r llwyni'n plygu.
Dilyn lwybr y mynyddoedd
Dos draw, dos draw!

Wnaethoch chi sylwi ar y 'geiriau meddal'?

Beth am i chithau sgwennu geiriau ar gyfer dawns dywydd arbennig i chi eich hunain?

Ydych chi erioed wedi gorwedd yn eich gwely yn edrych ymlaen at ddydd Sadwrn neu ddiwrnod cynta'r gwyliau neu ddiwrnod trip – gan obeithio am dywydd braf y diwrnod canlynol?

Sgwennwch bennill tywydd, yn null yr Indiaid Cochion, i'r **Niwl** neu'r **Glaw** neu'r **Daran** gan ddilyn y patrwm:

1. enwi
2. geiriau meddal – sy'n sôn am gyflwr y ddaear a chyflwr dyn (gan gofio peidio â siarad yn rhy galed)
3. dymuniad

Weithiau, mae modd siarad gyda'r tywydd yr ydan ni'n hiraethu amdano (fel y pennill uchod sy'n siarad gyda'r haul). Beth am i chithau feddwl am wyliau'r Nadolig – ond mae'r wlad heb eira. Rydych chithau'n dyheu am eira am resymau amlwg.

Sgwennwch bennill i gyfarch yr **Eira** gan ddisgrifio sut le sydd yma *heb* eira y tro hwn. Ond cofiwch ddefnyddio geiriau meddal!

Enwi blodau

Dyma englyn Eifion Wyn i flodau'r grug:

Tlws eu tw', liaws tawel – gemau teg
Gwmwd haul ac awel,
Crog glychau'r creigle uchel,
Fflur y main, ffiolau'r mêl.

Enwi'r blodyn o'r newydd a wna'r bardd, gan dynnu ar ei brofiad a'i atgofion ei hun. Mae'r grug yn lluosog ar y mynydd, yn tyfu dros nifer o aceri, ac er bod ffurf clychau i'r blodau, clychau mud ydynt; mae **lliaws tawel** yn cyfleu hynny. Maent yn lliwgar fel mwynau gwerthfawr ac yn tyfu yn y tir uchel; dyna sy'n rhoi **gemau teg gwmwd haul ac awel** inni. Blodau'r creigiau ydyn nhw a dyna sy'n cael ei gyfleu yn y ddau enw nesaf: **crog glychau'r creigle uchel** a **fflur y main**. Yn olaf, maent yn llestri i'r gwenyn fela ynddynt a dyna'u henwi yn **ffiolau'r mêl**. Po fwyaf o enwau y medrwn ni eu dyfeisio am flodyn (neu unrhyw brofiad arall), dyfnaf i gyd yw ein hadnabyddiaeth ni o'r profiad hwnnw.

Mae gan wahanol ardaloedd o Gymru enwau gwahanol ar flodau – enwau tafodieithol yw'r rhain, yn hytrach nag enwau swyddogol – ond o'u casglu at ei gilydd, maent yn gymorth inni adnabod y blodau. Dyma gasgliad o enwau tafodieithol ar y **tresi aur**, er enghraifft: **y gadwyn aur, leloc melyn, y rhodan felen, yr a-bi-ec** (mae 28 blodyn ar bob tusw, yr un nifer ag o lythrennau yn yr wyddor), **blodau cocos** (siâp fel cocos arnynt), **onnen Sbaen, meillionen Sbaen, coed Sbaen** (mae'r enw Sbaen yn rhoi tinc pell a rhamantus iddi), **clwm y labwrdd, cannwyll y labwrdd, cadwyn Gabriel**. [Gweler *Blodau'r Maes a'r Ardd ar Lafar Gwlad*, Gwenllian Aubrey, Gwasg Carreg Gwalch, 1995.]

Blodyn coch gyda siâp hir a thonnog iddo yw'r **antirrhinum**. Mae'r enwau tafodieithol Cymraeg yn ceisio dyfalu tebyg i beth yw siâp y blodyn arbennig hwn: **pen ci, pen ci bach, trwyn y llo,** pen llo bach, penne moch, ceg yr hwch, ceg llew, ceg mwnci bach, ceg y ddraig, tafod yr ebol, bysedd y cŵn, blodyn y dragon, trwyn nain, ceg nain.

Blodyn gwyn, ysgafn yng nghorsydd y mynydd yw **plu'r gweunydd** ac mae amrywiadau ar yr enw yn ei ddisgrifio i'r dim: **pluf y waun, sidan y waun, sidan y gors, angylion bach y gors, blodyn wadin, blodau'r cotwm, y benllwyd, penllwyd y mynydd.**

Casglwch enwau blodau Cymraeg – blodau'r ardd a blodau gwylltion. Yna dosbarthwch nhw yn ôl yr hyn maen nhw'n ei ddisgrifio.

Lliw

Bydd llawer o enwau blodau yn cyfeirio at liw y petalau neu liw y dail: **clychau gleision, lili wen fach, tresi aur, y goesgoch.** Weithiau bydd y lliw yn cael ei gyfleu drwy awgrym cynnil – drwy enwi rhywbeth sy'n debyg i'r lliw hwnnw: **llygad doli** (blodyn bychan glas), **botwm crys** (blodyn bychan gwyn), **blodyn menyn** (melyn fel menyn).

Llun

Bydd siap y blodyn neu'r ddeilen yn awgrymu llun yn y dychymyg weithiau – **cynffonnau ŵyn bach, llygad llo mawr, blodyn gwyneb yr haul, perfedd y cythral, dant y llew,** cysgadur (sef y **paeony**, rhosyn y mynydd – blodyn pendrwm iawn), **dail ceiniog, llafn y bladur.**

Arogl
Bydd oglau da (neu oglau drwg!) y planhigyn yn gymorth i'w enwi weithiau: **perllys, pys pêr,** ond hefyd – **coeden piso cathod, drewgi.**

Teimlad
Dail melfed, danadl poethion, ysgallen sidan, plu'r gweunydd, clust yr oen. Enwau da ar gactws yw **Siôn heb siafio** a **draenog.**

Blas
Ffrwythau sur iawn sydd ar rai coed: **eirin tagu, fale surion bach,** ond mae **gwyddfid** yn enwog am y nectar melys sydd ynddo. Ers talwm, byddai caseg ar bob fferm ac roedd yr hen bobl yn gwybod fod llaeth y gaseg yn llawer melysach na llaeth, neu lefrith buwch. Y blas melys sydd wedi rhoi'r enw **llaeth y gaseg** ar wyddfid mewn rhai ardaloedd.

Sŵn
Bysedd y cŵn yw'r enw mwyaf cyffredin ar y coesyn tal a'r blodau cochion sy'n tyfu yng nghloddiau'r haf. Rydym i gyd, siŵr o fod, wedi clecian y blodau rhwng ein bysedd neu ar gledr ein llaw. Y sŵn hwnnw roes yr enw **clatsh y cŵn** arno yn sir Benfro. Mae blodyn arall, yr **yellow rattle** yn Saesneg, yn cadw'i hadau yn rhydd mewn codyn o dan y petalau. Bydd y rheiny'n cadw sŵn ar yr awel leiaf o wynt. **Pen siarad** yw un enw Cymraeg arno.

Tymor/amser blodeuo
Byr yw tymor y rhan fwyaf o flodau ac mae llawer o'u henwau yn perthyn yn agos at fisoedd y flwyddyn, gwyliau eglwysig a gorchwylion y calendr amaethyddol: **llygad Ebrill, croeso'r gwanwyn, ffarwél haf, rhosyn Nadolig, lili'r Pasg, blodyn Mihangel.** Bydd amryw yn blodeuo yn ystod tymor y gog ac mae enw'r aderyn yn gysylltiedig â nifer o enwau blodau. Mae **coch yr ŷd** a **lili fach yr eira** yn perthyn i dymhorau arbennig ond blodeuo yn yr heulwen a chau fin nos a wna **llygad y dydd.** Mae **cloc tywydd y dyn tlawd** (scarlet pimpernel) yn cau os bydd hi'n cymylu ac yn debyg i law hefyd. Mae llawer o enwau blodau Cymraeg yn dwyn enw Mair: **clustog Fair, briallu Mair, rhedynen Fair, helyg Mair** a **melyn Mair.** Mae casgliad arbennig o'r rhain yng nghapel Mair yn eglwys gadeiriol Llandaf. Mae sawl gŵyl Fair yn y calendr eglwysig ac mae cysylltiad agos, wrth gwrs, rhwng gwyliau eglwysig a blodau. Mae Gŵyl Fair y Canhwyllau ar yr ail o fis Chwefror. Dyma dymor y saffrwn – ac enw addas arall arnynt yn y Gymraeg yw **canhwyllau Mair.**

Cynefin
Bydd enwau rhai blodau yn cyfeirio at y mannau cyffredin lle gwelir hwy'n tyfu: **plu'r gweunydd, llin y mynydd, gold y gors, pincs y môr, melyn y twyni, lloi'r perthi, robin y clawdd.**

Coel/hanes/chwedl
Mae llawer o goelion meddygol ynglŷn â dail a blodau ar lafar gwlad. Mae

cysylltiadau rhwng rhai blodau â hanes, heraldiaeth a chwedlau. Mae'r rhain i gyd yn gymorth wrth eu henwi: **dail llosg tân, llysiau'r gwaedlif, llysiau'r eryr, blodyn be-di'r-gloch/blodyn cloc (dant y llew).** Mae cysylltiadau rhwng blodau â gwledydd a theuluoedd bonedd hefyd, megis **cenhinen Bedr, rhosyn gwyn** a **rhosyn coch.**

✱ ✱ ✱

Nod yr ymarferiad hwn yw ailenwi blodau – gan dynnu ar ein profiad ac ymestyn y dychymyg. Bydd y penawdau uchod yn gymorth i sianelu ein meddyliau. Er enghraifft, pa eiriau sy'n cynnig eu hunain wrth feddwl am y blodyn: **briallu**?

Lliw
melyn, aur, heulwen, pelydrau, cwstard, bananas, melynwy, omled, cyw bach, La-la, tywod, traeth, crys Brasil, menyn, *Flora*

Llun
calon, wyneb, soser, gwên, cacen gri, sgert, ffrog ffrils, cap tylwyth teg, crempog, madarchyn, papadom, plataid o deisennau, les, cwstard ŵy

Arogl
paill, melys, ysgafn, swil, diniwed, mwyn, annwyl, lemon

Teimlad
esmwyth, sidan, fel pais

Go brin bod 'blas' a 'sŵn' yn berthnasol y tro hwn.

Amser/tymor
cariadon, gwanwyn, Mawrth, Ebrill, Sul y Mamau, gobaith, Sul y Blodau, cynnar, oerfel, tymor newydd, croeso

Cynefin
mwsogl, gwinllan, perllan, ffrwd, glan, clawdd, llethrau, catalog, potyn, bwrdd bwyd, meithrinfa, gardd

Coel/Hanes
Mair, troed yr enfys/cawg aur, Blodeuwedd, y ddawns flodau

Mae'r geiriau wedi'u hel. Mae angen eu dethol yn awr a'u croesi a'u cydio wrth ei gilydd i greu 'enwau newydd' ar friallu sy'n awgrymu'r profiad. Dyma enghreifftiau:

**cawg aur y winllan
calon y gwanwyn
croeso anwylyd
ffrog ffrils Mair
swil y clawdd**

Oes modd ymestyn yr enwau hyn i greu pedair llinell fer, tebyg o ran naws i 'Flodau'r grug' Eifion Wyn?

Pa flodyn neu blanhigyn arall y medrwch ei ailenwi? Dyma rai syniadau: **rhosyn coch, cennin Pedr, eiddew, ysgall, draenen wen, danadl poethion, pabi coch, llygad y dydd, eirlys.**

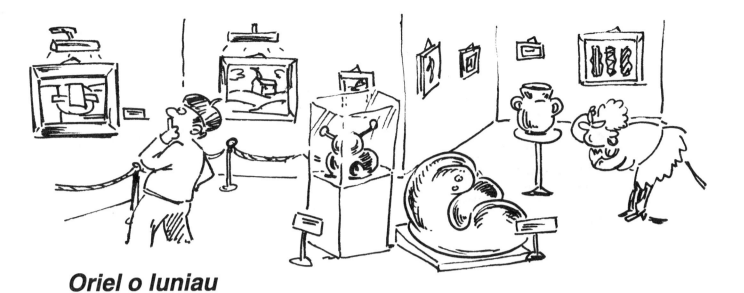

Oriel o luniau

Ydych chi wedi ymweld ag oriel luniau a cherfluniau erioed? Beth welsoch chi tybed? Darluniau olew a dyfrliw; ffotograffiaeth; crochenwaith; cerfluniau a phethau o'r fath mae'n siŵr.

Pan oedden ni'n sôn am y dyn bach hwnnw o blaned Mawrth, ydych chi'n cofio inni sôn am y gwahaniaeth rhwng llygad camera a llygad y dychymyg? Cymharwch lun cerdyn post o olygfa gyfarwydd i chi â llun gan artist o'r un olygfa. Mae'r camera yn edrych drwy lens ac maen nhw'n dweud na all llygad camera fyth ddweud celwydd – mae modd cyfeirio'r camera at fan arbennig, wrth gwrs, dewis golau arbennig ac ongl arbennig, ond llun go iawn ydi llun camera fel rheol.

Mae darlun artist yn wahanol. Mae artist yn medru edrych drwy un llun a gweld lluniau eraill. Mae'n gallu edrych drwy'r olygfa a gweld siapiau gwahanol. Mae'n dangos rhywbeth mwy nag sydd ar yr wyneb i ni – mae'n dangos sut mae'n teimlo am y lle a'r hyn mae'r lle yn ei olygu iddo ef.

Y tro nesaf y byddwch yn ymweld ag oriel luniau, ceisiwch chithau edrych ar waith artist a gweld drwy'r lluniau, drwy ôl y brwsh a'r paent a gweld y pethau mae'r artist yn ceisio'u dangos inni.

Mae modd mynd gam ymhellach na hynny. Mae modd i ninnau fod yn artistiaid ein hunain wrth edrych ar luniau. Yn lle gweld yr hyn mae'r artist ei hun wedi ei baentio, medrwn ddefnyddio llygad y dychymyg i geisio gweld mwy na hynny – gweld pethau yr ydym ni'n eu dychmygu.

Edrychwch ar ambell lun a cheisiwch chwilio am y pethau hyn ynddyn nhw:

1. llythrennau
2. siapiau rhifau
3. ffrwythau neu lysiau
4. adar ac anifeiliaid

Aeth criw o blant i weld arddangosfa o luniau rhyfel un tro ac ymysg y darluniau roedd llun o awyren wedi ei saethu o'r awyr ac yn llanast ar y ddaear. Roedd prif gorff yr awyren yn gyfan, ond pytiau o adenydd oedd ganddi ac roedd y ffenestri blaen yn ei thalcen yn rhyfeddol o debyg i lygaid. Wrth graffu'n hir ar y darlun a chymryd cam yn ôl i edrych drwy'r llun i weld lluniau eraill, gwelodd y plant fod pen blaen yr awyren yn edrych fel wyneb trist anifail. Dyma nhw'n ceisio meddwl sut anifail ydoedd a sut roedd yn teimlo. Dyma rai o'r lluniau a welsant:

cwningen wen yn swatio
pysgodyn newydd ei ddal
hwyaden wedi'i saethu
iâr ar lawr
cyw wedi disgyn o'i nyth
gwylan wedi'i dal yn llygredd y môr
llygoden mewn trap
ci wedi'i daro gan gar

Roedd lluniau eraill yn dangos awyrennau'n ymosod. Pa luniau welwyd y tro hwn? Dyma rai:

**eryr yn hofran
ci hela gyda sglyfaeth yn ei geg
penglogau yn sgrechian
nadroedd yn codi drwy'r pridd
siarc ymysg y pysgod mân**

Ydych chi'n medru teimlo'r braw, yr ofn a'r dychryn sydd yn y lluniau hyn o'u cymharu â'r cydymdeimlad a'r trueni yn y lluniau blaenorol. Yr un awyrennau ydyn nhw yn y bôn, dim ond bod yr amgylchiadau a'n teimladau ni wedi newid tuag atynt.

Ar gyfer yr ymarferiad nesaf, mae'n bwysig eich bod yn cael profiad o ryw fath – ymweld ag oriel luniau neu weld golygfa/gwrthrych arbennig. Mae'n rhaid ichi fod yn y fan a'r lle yn cael y profiad cyn cymryd cam yn ôl a defnyddio eich dychymyg i weld lluniau yn yr hyn sydd o'ch blaenau.

Fedrwn ni ddim gofyn ichi ddychmygu eich bod chi'n edrych ar bont arbennig a gofyn ichi ddychmygu lluniau eraill – fyddwn ni ddim yn llwyddo fel yna. Mae'n rhaid cael y

profiad/gweld

defnyddio'r dychymyg

yna creu gyda'r dychymyg – creu llun neu greu llinell

Mae sgets bras, neu daro gair byr ar bapur yn ddigon ar y pryd nes ceir cyfle i weithio arno mewn lle cyfleus.

Lluniau mewn lliwiau

Mae arlunio a thrin geiriau yn dod at ei gilydd yn aml iawn, e.e. cynllunio poster, llythrennu plac i gofio am berson enwog fu'n byw mewn tŷ neu bentref; cynllunio clawr llyfr neu gylchgrawn; arwydd enw siop ac yn y blaen.

Ffordd ddifyr o sylwi ar berthynas geiriau a chelfyddyd hefyd yw'r enwau sy'n cael eu defnyddio ar liwiau inc a lliwiau paent. Ewch i'ch siop baent leol ac mi gewch ddigonedd o enwau tebyg i

**Post-Office Red
Sherwood Green**

Mae enw'r paent coch yn ein hatgoffa o faniau post a blychau postio a chysylltiadau hapus rhoi a derbyn fel rheol. Mae enw'r paent gwyrdd yn ein hatgoffa o goedwig dderw fawr urddasol a bywyd rhydd herwyr Nottingham ers talwm. Cymaint gwell ydi'r enwau hyn na dim ond **red** neu **green**. Heb os, mae modd defnyddio geiriau i roi enwau da i'r potiau paent a thrwy hynny roi lluniau mewn lliwiau.

Go brin y byddai neb yn paentio ei ddrws ffrynt gyda thun o baent o'r enw **Brown Mwd** na chwaith yn paentio ffens yr ardd yn **Marmaled** na phaentio drws y garej yn **Llwydni Caws Drwg**. Mae'n rhaid dewis y geiriau yn ofalus er mwyn taro ar luniau sy'n apelio!

Gadewch inni ddechrau arni drwy ddewis dau liw ac yna meddwl am bethau a allai roi lluniau o'r lliwiau hynny inni:

Llwyd	Hufen
niwl	blodau
afon	sidan
cwmwl	gwenith
tarth	haidd
llechen	cnau
haearn	tywod
plwm	hufen
awyr	caws
	gwlân

Rhaid priodi'r enwau hyn gyda geiriau eraill sy'n manylu ar y llun sydd yn y dychymyg. Er enghraifft, gall awyr fod yn las yn yr haf, yn oren yn y machlud, yn goch wrth iddi rewi, yn dywyll yn y nos – ond gall, fe all fod yn llwyd yn ogystal. Pryd ac o dan ba amgylchiadau?

Lluniwch restrau o enwau'r tymhorau, gwahanol fathau o dywydd, enwau'r misoedd, enwau gwahanol adegau o'r dydd, y gwyll a'r nos. Rhestrwch wahanol afonydd, gwahanol ardaloedd neu lynnoedd neu bentrefi neu fynyddoedd sy'n gallu awgrymu llun o liw arbennig. Rhestrwch flodau, coed, llwyni, ffrwythau a chrwyn neu blu pob mathau o greaduriaid sy'n awgrymu lliwiau. Yna cwmnïau, siopau, sefydliadau – fel y post – neu fath o fferins neu hufen iâ sy'n cynnig geiriau atyniadol.

Croeswch nhw gyda'i gilydd i weld pa enwau gewch chi. Ewch ymlaen at liwiau eraill fel melyn, glas, gwyn, coch a gwyrdd. Dewch ag enfys o enwau lliwgar inni! Enwau fel:

melyn Mihangel
glesni Awst
coch y ffair
gwyrdd y goedwig
gwenith Medi

Teimladau mewn lliwiau

Welsoch chi erioed leuad lawn yn pefrio yng nghanol awyr y nos? Do, debyg iawn. Mae'n ein tynnu at y ffenest ac mae'r golau ysgafn sy'n tywallt dros y wlad yn rhyfeddod. Nid mor olau â golau dydd, dim ond gwawr ysgafn yn gorchuddio cysgodion nos gyda gwynder.

Beth ydi'r gwynder yma?

Golau, debyg iawn. Golau lleuad, meddech chithau.

Ond does gan y lleuad ddim golau. Drych o olau'r haul ydi'r hyn welwn ni ar wyneb y lleuad. Llun ydi o. Ac mae modd edrych ar lun a gweld pethau eraill.

Gall y gwynder felly fod yn . . . Beth? Rhestrwch y posibiliadau:

> siwgwr
> eira
> hufen
> gwlân cotwm
> papur
> halen
> marshmalo
> llaeth/llefrith
> cymylau
> cynfasau
>
> ....
> ....
> ....

Dyma gerdd sy'n defnyddio un darlun o wynder a'i osod dros y darlun o'r lleuad lawn yn goleuo'r nos. Llong ydi'r lleuad yn y darlun hwn, ac mae'r golau fel llaeth wedi'i dywallt dros y wlad i gyd:

Llong laeth

Ar y mynydd,
ar y mawn,
llaeth yn llifo
o'r lleuad lawn;
llaeth ar y creigiau,
llaeth ar y rhos,
lleuad arian
yn llenwi'r nos.

Gwyliwn hi'n gollwng
ei llaeth yn lli,
hwyliau enwyn
arni hi;
gwylio, hwylio
dyna a wnawn,
yn llawn o'r lleuad,
a'r lleuad yn llawn.

Yn yr un modd ag y gallwn edrych ar y lliw GWYN a gweld lluniau, gallwn edrych ar liwiau eraill a chael ein tywys at wahanol luniau a gwahanol deimladau.

Dewiswch liwiau a gadewch i'r lluniau ganghennu ohonynt, yn arddull y goeden eiriau. Dyma ddechreuad:

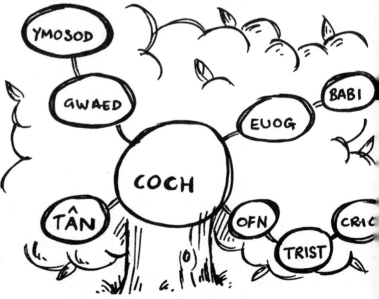

Edrych yn y drych

Pe bai gennyf gamera, buaswn yn tynnu eich llun. Ydych chi'n barod? Clic. Sut lun fyddai hwnnw tybed? Pob un ohonoch yn edrych i lygad y camera ac yn gwenu, mae'n debyg. Llun del iawn, mae'n siŵr.

Ydych chi wedi edrych yn hir ar lun ohonoch eich hun yn gwenu ryw dro? Ymhen sbel, mae llun y wên yn edrych yn od – does neb yn medru dal ei wên am gyfnod hir iawn, yn nagoes? Rywsut, tydan ni ddim yn ni ein hunain pan fyddwn ni'n gwenu ar gamera. Mae fel petai masg dros ein hwynebau – masg clown, weithiau! – a ninnau'n cuddio y tu ôl i'r masg hwnnw

Ar gyfer y sesiwn hon, mae angen drych – drych llaw. Daliwch y drych yn agos at eich wyneb. Mae'r llun welwch chi yn awr yn wahanol iawn i lun camera ohonoch chi eich hun. Dim ond y chi sy'n gweld y llun yma a does dim rhaid ichi actio i'r camera na chwarae rhan – dim ond bod yn naturiol, bod yn chi'ch hunain. Beth welwch chi?

Rydych yn siŵr o weld lliwiau. Pa luniau mae'r lliwiau hynny'n eu cynnig? Ceisiwch feddwl am luniau sy'n cyfleu y teimlad welwch chi yn y drych. Rydych yn siŵr o weld siapiau hefyd – cylchoedd crwn yng nghanhwyllau'r llygaid. Beth arall sy'n grwn? Soseri?

Olwynion? UFO's? Beth sy'n cyfleu yr wyneb yn y drych orau?

Gall *coch* fod yn waed ar ddannedd Draciwla ac yn siwt Siôn Corn, fel y gwelsom yn yr ymarferiad diwethaf. Gall *gwyn* fod yn lludw ar ôl y tân neu yn gawod eira. Gall *tân* fod yn gynnes ac yn glyd ond gall hefyd fod yn berygl bywyd. Mae gwahanol gysylltiadau gan enwau a lliwiau a rhaid dewis y darlun cywir er mwyn creu yr effaith gywir.

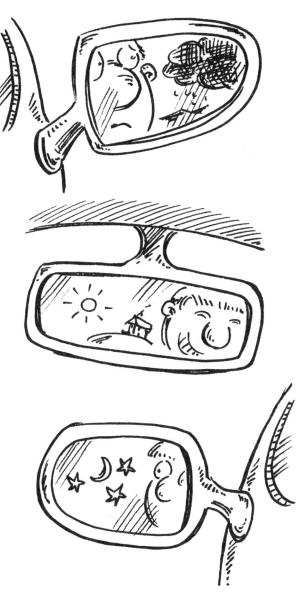

Dyma dri wyneb mewn drych ochr car. Ceisiwch ddefnyddio lluniau sy'n cyfleu lliwiau a theimladau a'u cysylltu gyda rhannau o'r wynebau – croen, boch, gwefus, gên, llygaid, gwallt, ffroen, aeliau, talcen. Lluniwch dair llinell ac yna defnyddiwch y llinell olaf i roi geiriau yng ngheg y cymeriad yn y llun.

Dyma enghreifftiau:

41

Wyneb

Llygaid olwynion ffair,
Bochau rhosod pen-blwydd;
Gwefus fefus;
'Ti'n gneud i mi chwerthin.'

Wyneb

Llygaid seler dywyll;
Bochau cymylau;
Ceg ochenaid;
'Mae'r byd mor hen.'

Pa bennill sy'n ffitio pa wyneb? Ewch ati i lunio penillion ar yr un patrwm ar gyfer y tri llun.

Yna, trowch yn ôl at eich adlewyrchiad chi eich hun yn y drych a llunio pennill ar yr un patrwm am yr hyn a welwch.

* * *

Drychau i'w defnyddio i edrych yn ôl ydi drychau ffenest flaen ac ochr car. Drwy'r drych, rydym yn cael cip ar yr hyn rydym wedi'i basio ar ein taith. Dim ond cip, dim ond cornel o'r daith.

Mae drych car yn debyg iawn i hel atgofion. Wrth edrych yn ôl, nid ydym yn cofio popeth nac yn gweld popeth – dim ond ambell gip, ambell beth wnaeth ddwyn ein sylw sy'n dod yn ôl i'r cof.

Os cewch gyfle i ymweld ag oriel luniau eto, efallai bod lluniau yno sy'n tyfu o atgofion yr arlunydd. Cip yn y drych ar y gorffennol ydyn nhw. Cip ar blentyndod neu ddyddiau ysgol – oes yna awyr las neu gymylau duon?

Doedd ddoe ddim yn ddu i gyd a doedd o ddim yn hwyl diddiwedd chwaith, ond yn aml wrth gael cip yn y drych, dim ond un dymer, un teimlad sy'n dod yn ôl i'r cof.

Dyma enghreifftiau o gerddi 'cip yn y drych' sy'n codi o luniau mewn oriel:

Edrych mewn drych

Wrth edrych mewn drych,
mi welais y nos
sy'n methu mynd i gysgu.

Rwy'n byw yn nhywyllwch
ochr draw y lleuad
heb gwmni'r un seren.

Rwyf wedi fy nghadw yng nghysgodion
y seler gyda'r gath ddu,
ac yn gwylio'r tyllau,

yn breuddwydio am dân golau,
ond wrth nesu i'w brocio
does ond cwmwl o fwg yn fy wyneb.

Ysgol Maelgwn

Wynebau

Wynebau llawn teimladau:

llygaid gwaed yn syllu;
brathiad gwefus rhag dagrau;
aeliau syn, crwn;
bochau blin;

yn ceisio rhedeg i ffwrdd
ond yn wynebu carchar.

Ysgol Trefriw

Ga' i fynd â fo adref?

Wrth weld neu glywed neu arogli neu deimlo rhyw ryfeddodau, ein hymateb o hyd ydi: O! mi hoffwn fynd â fo adref gyda mi!' Byddai'n braf deffro bob bore a gweld yr olygfa hyfryd o flaen ein llygaid, neu deimlo'r anifail bach hoffus yn ein hymyl neu ogleuo'r blodau hyfryd gerllaw neu glywed cân y tonnau o fewn clyw.

Yn anffodus, wrth gwrs, mae'n amhosibl mynd â rhai pethau efo ni – yn gorfforol, felly. Gall hynny greu dipyn o drafferth a thipyn o lanast ar brydiau. Meddyliwch petaech chi'n gwneud yr hyn mae awdur y gerdd hon yn awchus am ei wneud, ar ôl rhyfeddu at y wlad o dan drwch o eira:

Ga' i fynd â fo adref?

Ddyn eira sydd yn sefyll ym Maes Gwyn
mi hoffwn i ti alw
yn fy mharti pen-blwydd.

Yr organ o glychau iâ sy'n tincial yn yr haul
mi hoffwn fynd â chithau
i'ch hongian ar y silff ben tân.

Y lleuad llawn o rew sy'n llonydd ar y llyn
mi hoffwn dy roi
i nofio ar wyneb y bàth.

Y plu bach gwyn sy'n gorwedd ar y gwynt
mi hoffwn eich gosod
yn batrwm ar y papur wal.

Y dail sy'n dal y llwydrew gan grenshan
                              dan esgid,
mi hoffwn eich stwffio
i fatras fy ngwely.

Y cae o luwch sy'n llyfn heb un ôl troed,
mi hoffwn dy daenu
o wal i wal.

Wn i ddim pam:
bob tro dwi'n gofyn am gael ffrindiau acw
yr ateb ydi 'Na! Na! Na!'

Eto, er na fedrwn fynd â phopeth adref gyda ni mewn bagiau neu yng nghist y car, mi fedrwn gario'r atgofion adref. Mi fedrwn fyw'r profiad unwaith eto yn ein dychymyg a breuddwydio am y pethau braf dro ar ôl tro.

Pa bethau amhosibl yr hoffech fynd â nhw adref gyda chi:

* Y fflam arbennig mewn pâr o lygaid gwyllt mewn cawell yn y sŵ?
* Sŵn y gwlith yn disgyn ar y glaswellt?
* Cân y dail yn y gwynt?
* Lliw y blagur yn llygad yr haul?
* Llafn o olau lleuad yn y tywyllwch?
* Llawenydd yr aderyn ar y gangen uchaf?
* Sŵn y tir yn tyfu?
* Llinell y gorwel?
* Seren olaf y nos?
* Rhyddid?
* Harddwch?
* Hapusrwydd?

Soniwch amdanynt mewn llinellau gan esbonio beth fuasech yn ei wneud gyda nhw ar ôl mynd â nhw i'ch cartrefi.

Dyma enghraifft gan ddisgyblion Ysgol Cadnant:

Mi hoffwn i fynd adre gyda mi:
lleuad lawn fel llyn llonydd
môr mawr glas mewn bwced melyn
madfall pitw gwyrdd o Fflorida yn goglais fy llaw
plu eira fel pryfed mân yn llifo i'r llawr
llond breichiau o gymylau fel gobennydd ysgafn
lliwiau'r enfys i'w gwasgu mewn bocs
glöyn byw yn llawn o liwiau yn dawnsio yn yr haul
tonnau i'w rhoi yn fy ngwely i fynd i fyny ac i lawr
dolffin llwyd sy'n llamu drwy'r tonnau i'w roi yn y bàth
cyw hwyaden efo plu meddal fel gobennydd
rhaeadr gwyllt i'r stafell molchi yn lle cawod
deinosor mawr ffyrnig i rannu cwt efo cwningen
seren wen fel gwreichionen ar y silff ben tân
y byd i gyd fel pêl yn fy llaw.

Dywediadau

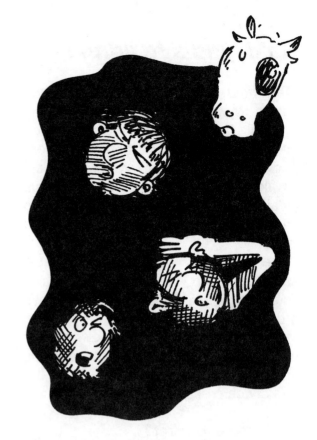

'Mae hi'n dywyll,' meddwn, pan fydd hi'n nos ddileuad.

'Ydi, mae'n hollol ddu,' meddai rhywun arall.

'Fedra i ddim gweld fy llaw o flaen fy wyneb,' meddai rhywun arall wedyn, gan greu darlun o'r duwch.

Yna, mae rhywun yn taro'r hoelen ar ei phen:

'Mae hi mor dywyll â bol buwch heno.'

Dyna ichi syniad! Fedrwch chi ddychmygu eich hun y tu mewn i fol buwch? Mae'n anodd meddwl am beth felly efallai, ond un peth sy'n sicr – byddai'n ddychrynllyd o dywyll yno!

Dywediad yw 'mor dywyll â bol buwch'. Gwrandewch arnoch chi eich hunain yn siarad a gwrandewch ar bobl eraill yn siarad a byddwch yn sicr o glywed llawer o'r dywediadau hyn. Mae'n werth talu sylw iddyn nhw gan eu bod yn tynnu llun yn ein dychymyg ni – ac mae'r lluniau yn rhai lliwgar a doniol iawn ar brydiau. Glywsoch chi rai o'r dywediadau hyn tybed?:

mor denau â styllen
yn feddal fel pwdin
mor galed â'r garreg
yn goch fel gwaed
mor gryf â Samson
cyn gynted â'r gwynt
yn llwyd fel lludw
yn stiff fel procar
cyn iached â'r gneuen
mor ysgafn â phluen
yn dew fel mochyn
cyn wirioned â llo gwlyb
yn ddigon tal i newid y lleuad

Fel y gwelsom eisoes, mae llawer o'r dywediadau yn perthyn i fyd adar ac anifeiliaid. Mae gan bob creadur ei gymeriad ei hun ac yn aml byddwn yn sôn am fwy nag un agwedd ar gymeriad y creadur. Mae mochyn yn dew, ond rydan ni'n meddwl am fochyn fel anifail budur, anniolchgar, gwichlyd, cysglyd, rhochlyd a chwyrnllyd yn ogystal!

Mae nifer o fylchau yn y penillion canlynol ac mae mwy nag un gair addas y gellid ei ddefnyddio er mwyn cwblhau'r dywediadau. Ceisiwch ddyfalu a dewiswch y rhai gorau gennych chi:

Yn...fel crwban,
Yn...fel cath,
Yn...fel llyffant:
Trwyn ci sydd 'run fath.

Yn.......................... fel llygoden eglwys,
Yn...fel ci,
Yn...fel wennol
Sy'n croesi'r lli.

Yn...................................fel pysgodyn,
Yn...................................fel mul,
Yn...................................fel llwynog
Gyda'i lygaid cul.

Yn.............................fel twrch daear,
Yn.............................fel oen,
Yn.............................fel cacwn
Rownd fy mhen yn boen.

Yn...............................fel draenog,
Yn...............................fel brân,
Yn...............................fel ehedydd
Yn canu ei gân.

Llunio pennill

Mae llun taclus a gorffenedig yn llinell fer y dywediadau hyn. Beth am fynd un cam ymhellach. Meddyliwch am y dywediad **yn goch fel gwaed.**

Beth arall sy'n goch?

crib ceiliog, pêl, car rasio, fan bost, machlud

ychwanegwch eich syniadau:
....
....
....

Gallwn roi tair llinell at ei gilydd fel hyn, ac yna ychwanegu'r dywediad:

Haul braf yn machlud;
Crib y ceiliog ar y domen;
Wyneb y rhedwr mynydd;
Yn goch fel gwaed.

Meddyliwch am ddywediadau eraill ynglŷn â lliwiau – lluniwch rai eich hunain hyd yn oed – ac yna ewch ati i greu penillion pedair llinell fel yr un a gawsoch eisoes.

Dyma rai lliwiau ichi ddewis ohonynt:

glas, gwyn, melyn, du, pinc, gwyrdd, porffor, oren

45

Diarhebion

Dywediad yw **dihareb** hefyd, ond mae dihareb yn llawnach ac yn fwy gorffenedig na dywediad. Darn o frawddeg, rhyw lun i'w ychwanegu at y gweddill yw dywediad gan amlaf. Mae dihareb ar y llaw arall yn frawddeg gyfan ac yn dweud rhyw wirionedd sy'n sefyll ar ei draed ei hun.

Dyma ichi rai enghreifftiau o ddiarhebion:

Rhaid curo'r haearn tra byddo'n boeth.
Anodd dal hen geffyl â rhedyn.

Gormod o bwdin dagith gi.
Llon llygod lle ni bo cath.
Man gwyn, man draw.
Nid aur yw popeth melyn.

Does neb yn gwybod pwy ddwedodd y geiriau hyn gyntaf – maent wedi eu dweud a'i hail-ddweud cymaint nes eu bod yn rhan o'r iaith ei hun. Mae mamau wedi eu dweud wrth eu plant, teidiau wedi eu dweud wrth eu hwyrion a'r wyrion hefyd wedi eu dweud wrth eu hwyrion hwythau. Dyna pam mae un disgrifiad o'r hyn yw dihareb yn arbennig o wir: 'brawddeg fer, ond profiad maith'. Mae'r hyn mae'r ddihareb yn ei ddweud yn perthyn i fywydau pob un ohonom, rywbryd neu'i gilydd.

Mae lluniau yn rhai o'r llinellau – ond mae ystyron dyfnach i'r lluniau hynny nag ar yr wyneb yn unig. Gadewch i ni ystyried un ddihareb: **'Nid aur yw popeth melyn'.**

Mae'r ystyr, ar un olwg, yn hollol syml. A dweud y gwir mae'n hollol wirion o amlwg i bawb! Rydan ni i gyd yn gwybod nad aur ydi lemon na menyn na chanol ŵy wedi'i ferwi. Ond wedyn, mae ambell fetel melyn yn medru ymddangos yn debyg i aur. Oes gennych chi fodrwy ar eich bys neu yn eich clustiau neu yn eich trwyn neu'ch botwm bol neu rywle arall? Ydi hi'n sgleinio? Ydi hi'n felyn? Ydi hi'n edrych yn werthfawr? Ie, ond ai aur ydi hi? Mae cymaint o bethau ffug o'n cwmpas ac mae'n anodd iawn gweld y gwahaniaeth rhwng y rheiny a'r pethau gwerthfawr go-iawn weithiau.

Mae'r llun yn ddyfnach na hynny hefyd. Gallwn edrych **drwy'r** llun sydd yn y ddihareb a gweld llun arall, gweld llawer o luniau eraill. Nid sôn am aur yn unig y mae'r ddihareb. Gall yr 'aur' olygu unrhyw beth gwerthfawr, unrhyw beth sy'n ymddangos yn wirioneddol wych.

Rhestrwch y pethau sy'n dda ac yn golygu llawer i chi. Dyma ichi gychwyniad arni gan griwiau o Ysgol Pont Siôn Norton, Pontypridd ac Ysgol Llanllechid, Bethesda:

tywydd braf
gêm – pêl-droed, rygbi, rownderi
bwyd – chips, siocled, cacennau
car mawr crand
ennill y loteri
teulu – brawd, chwaer, mam, dad
sent
fideo

rhaglenni teledu
gêmau cyfrifiadur
llyfrau

Ydyn, mae'r pethau yma i gyd yn dda. Fedrwch chi ychwanegu at y rhestr?

Yna, meddyliwch am y math gorau un o bob peth. Er enghraifft, petai rhywun wedi dweud eu bod yn hoffi modrwyau, sut fodrwy yw'r un orau un? Wel, un **aur** fuasai honno mae'n siŵr.

Sut fath o gacen yw'r orau?
Sut fath o gar?
Ychwanegwch at y rhestr:

Math o beth	Y Gorau
coeden	derwen
rhaglen deledu	X-files
bar siocled	Snickers
actor	Bruce Willis
dillad ffasiynol	hipsters
sent	Gio

Mae gennym ni'r geiriau yn awr i greu llinellau sy'n rhoi lluniau gwahanol i'r un a geir yn y ddihareb 'Nid aur yw popeth melyn' ond sydd ar yr un pryd yn dweud gwirionedd digon tebyg. Meddyliwch am ragor o linellau tebyg i hyn, gan gadw at batrwm y ddihareb wreiddiol:

Nid Gio yw pob sent.
Nid *Goosebumps* yw pob llyfr.
Nid da-da yw popeth melys.
Nid *Toystory* yw pob fideo.

Dyma chi wrthi yn awr yn creu diarhebion newydd, cyfoes ar batrwm un o'r hen rai. Gallwch fynd gam ymhellach hefyd drwy fynd ati i lunio penillion byr.

Ewch yn ôl at eich rhestr o bethau da a phethau gwych. Weithiau, bydd hyd yn oed rhai pethau y byddwch yn disgwyl iddynt fod yn dda yn eich siomi. Fedrwch chi feddwl am enghreifftiau? Dyma fan cychwyn ichi:

siocled wedi toddi yn eich poced;
haul yn tywynnu yn eich llofft yn y bore,
ond mae'n oer pan godwch a mynd allan;
chips sogi;
cael eich brifo wrth chwarae;
car yn methu cychwyn;
bwrw glaw ar wyliau gwersylla;
sâl dros y Dolig;
ffilm dda ond diwedd gwael;
poster lliwgar ond mae'n colli ei liw
                                    yn yr haul.

Oes, mae digonedd o enghreifftiau eraill, gwaetha'r modd! Rhestrwch gymaint ag y medrwch chi.

Yna, ceisiwch greu pâr o linellau sy'n mynegi siomiant am yr un math o beth. Er enghraifft, dwy linell am fwyd; dwy linell am wyliau; dwy linell am y tywydd.

Ceisiwch gadw'r llinellau yn fyr ac yn fachog gan gael gwared ag unrhyw eiriau diangen.

Y cam nesaf yw cael dwy 'linell siom' at ei gilydd a'u cydio wrth ddynwarediad o'r ddihareb sydd yn mynd â ni i'r un byd, e.e.

llinell am siom gyda siocled
llinell am siom gyda marshmalo
+ dihareb newydd: Nid da-da yw popeth
                                    melys

Ewch ati i greu cadwyn o'r penillion hyn gan ddewis y rhai gorau, yna gorffen y gadwyn gyda'r ddihareb wreiddiol.

Dyma ichi gadwyn o waith Ysgol Pont Siôn Norton:

Haul mis Ebrill ond gwynt mis Rhagfyr;
Awyr las ond mae dal yn oer:
Nid haf yw pob heulwen.

Tacl galed a brifo braich,
Cerdyn coch am wneud dim byd:
Nid hwyl yw pob chwarae.

Sglodion du a sglodion sogi,
Hufen iâ wedi toddi'n stecs:
Nid *Snickers* yw pob siocled.

Prynu sbortscar a chael smash,
Hipsters newydd ond canfod twll:
Nid aur yw popeth melyn.

Cadwyn arall o waith Ysgol Llanllechid:

Lipstic coch yn dod allan yn frown;
Ffowndeshon yn toddi mewn stiwdio deledu;
Nid Gio yw pob sent.

Gwaed yn llifo allan o'r cig;
Samonela yn y Restaurant Ffrengig;
Nid *McCaine's* yw pob chips.

Cael rigian ac anghofio leins;
Bron â boddi ar ganol stynt;
Nid Bruce Willis yw pob actor.

Dechrau problemau yw ennill y loteri;
Rhaid cael castell i gadw Rembrandt:
Nid aur yw popeth melyn.

Mae llawer o ddiarhebion eraill y mae modd eu trin yr un fath. Chwiliwch am lyfr sy'n cynnwys diarhebion Cymraeg a chreu rhestr o ddiarhebion da sy'n cynnig llun arbennig ichi. Gallwch chwithau drafod yr ystyron a chwarae gyda'r lluniau hynny wedyn a cheisio dyfalu rhagor o luniau tebyg. Dyma restr fer:

A fo ben, bid bont.
A ddwg ŵy, a ddwg fwy.
A heuo ddrain, na cherdd yn droednoeth.
Amlwg llaid ar farch gwyn.
Colli'r bedol o eisiau hoelen.
Cyfaill blaidd, bugail diog.
Dianc rhag y mwg a syrthio i'r tân.
Dyfal donc a dyrr y garreg.
Gwell aderyn mewn llaw na dau mewn llwyn.
Gwell cysgod brwynen na bod hebddi.
Gwyn y gwêl y frân ei chyw.
I'r pant y rhed y dŵr.
Na ddeffro'r ci sy'n cysgu.
Ni cheir afal pêr ar bren sur.
O flewyn i flewyn yr â'r pen yn foel.
Pen punt a chynffon dimai.
Ymhell y mae llwynog yn lladd.

Tra ydych yn hel meddyliau, dyma benillion yn seiliedig ar ddiarhebion eraill:

Llon llygod lle ni bo cath

Dim dyn mawr gyda chardiau coch a
melyn,
Allan ar y maes a ffowlio'r tîm gyferbyn:
   Llon chwaraewyr pêl-droed lle ni bo
reffari.

Dim Rotweilar mewn cornel o'r coridor,
Allan o'r dosbarth heb ddim ofn:
   Llon plentyn bach lle ni bo bwli.

Dim dyrnau fel Arnold Schwarzenegger
Lawr i'r cae am gêm bêl-droed,
   Llon brawd bach lle ni bo brawd
mawr.

Dim dannedd nac ewinedd weiren
bigog,
Allan o'r tyllau a pharti ar y mat:
   Llon llygod lle ni bo cath.

Ysgol Llwyncelyn

Rhaid taro'r haearn pan fo'n boeth

Teimlad fel glud ar fy nwylo,
Methu symud, methu neidio,
   Rhaid neidio am y trapîs pan fo'r
   siglen yn agos.

Mam yn gweiddi 'helo' o'r dorf,
Bron â baglu dros ei garrai, a'r rhwyd
yn agored,
   Rhaid cicio'r bêl yng ngheg y gôl.

Gweithiwr eisiau paned a'r ffwrnais yn
goch,
Y morthwyl yn drwm a'r dydd yn hir,
   Rhaid taro'r haearn pan fo'n boeth.

Ysgol Plas Coch, Wrecsam

Gormod o bwdin dagith gi

Miwsig yn dod drwy dwll yn yr ecsôst
Eliffant yn stompian, gwrach yn
chwerthin,
   Gormod o ddisgo sy'n creu cur pen.

Glo ar y lliain bwrdd glân
Ogofâu tywyll lle mae'r stlumod yn byw
   Gormod o siocled bydrith y dannedd.

Cysgu mewn rhewgell ar y mynydd,
Gorwedd mewn afon tan y bore,
   Gormod o gampio ddaw â niwmonia.

Pedigree chum, Pero a *Pal*
Llond cafn, llond bwced, llond gwlad
   Gormod o bwdin dagith gi.

Ysgol Llanfihangel-yng-Ngwynfa

ODL

Dynwared sŵn

'Helô, Blodyn,' medd y parot yn ei gawell yn y siop anifeiliaid anwes. 'Helô,' atebwn ninnau, gan gychwyn tynnu sgwrs gydag ef gan holi am ei iechyd, sôn am y tywydd a dotio at liwiau ei blu. Ond ymateb y parot bob tro ydi dweud 'Helô, Blodyn. Helô, Blodyn' yn yr un llais undonog. Ydi, mae'n medru geirio yn glir iawn ond na, dydi'r hen greadur ddim yn llawer o sgwrsiwr chwaith.

Dawn i ddynwared sydd gan y parot a rhai adar clyfar eraill. Maen nhw'n clywed sŵn gan ei ailadrodd ac mae honno'n ddawn i ryfeddu ati. Rydan ni i gyd yn ddynwaredwyr, wrth gwrs. Beth am i chi ddynwared parot yn dweud,

'Helô, Blodyn. Helô Blodyn.'

Neu beth am ddynwared plismon yn dweud,

'Helô, helô, helô.'

Neu gyflwynydd teledu byrlymus,

'Wel-helô! A chroeso i'r rhaglen.'

Rwy'n siŵr y medrwch feddwl am lawer o linellau a chymeriadau eraill i'w dynwared ac rwy'n siŵr fod ambell un ohonoch yn ddawnus dros ben. Ond mae'r ddawn yn perthyn i bob un ohonom i ryw raddau, wrth gwrs.

Ers pan ydan ni'n ddim o bethau, mae dynwared yn bwysig iawn inni. Ydach chi wedi gweld babi bach yn sylwi ar rywbeth mawr yn y cae, gyda phedair coes a chynffon a chyrn? Mae'r peth yma yn gwneud sŵn:

'Mwwwŵ!'

Ac mae'r bychan yn siŵr o bwyntio ato yn llawen a dynwared y sŵn:

'Mw-mŵ!'

Yr un fath pan wêl 'Me-mê' a 'Chwac-cwac'. Mae'n dotio ato'i hun yn medru gwneud yr un synau â'r holl greaduriaid hyn.

Ond toc, wrth iddo dyfu, bydd rhywun yn ei gywiro a cheisio'i gael i 'siarad yn iawn'. 'Nid Mw-mŵ wyt ti fod

i'w ddweud am honna, ond "buwch".' A bydd y bychan yn troi'i dafod o gwmpas y llythrennau hynny ac yn dynwared y gair – 'buwch'. Buwch a dafad a hwyaden fydd yn llenwi'i geg ar ôl hynny ac unwaith eto bydd yn dotio ato'i hun yn dweud pethau mor glyfar.

Dynwared yw hynny eto. Dynwared geiriau a glywn gan eraill yw'r ffordd rydym yn dysgu iaith. A dydi hyn ddim yn darfod pan rydan ni'n cyrraedd pump oed nac unrhyw oedran arall o ran hynny – o hyd ac o hyd, byddwn yn clywed rhyw air neu ddywediad neu frawddeg go fachog a bydd y rheiny yn aros yn y cof ac yn fyw ar ein tafodau yn fuan wedyn.

Mae yna batrwm arall o ddynwared hefyd – nid dynwared yr union air ond dynwared sŵn rhan o air. Un ffurf o hynny yw'r hyn a elwir yn **odl**.

Faint o'r gloch?
Amser bwydo'r moch
coch
yn Aber-soch.

Dyna ichi frawddeg gyda sawl diwedd gair yn dynwared sŵn ei gilydd. Dau ddiwedd gair yn creu yr un sŵn sy'n creu odl. Dyma ddwy frawddeg arall.

Aeth mam Sam
â brechdan ham
a phot o jam
i'r dyn cam.

Mae'r cawr mawr
yn gorwedd i lawr
am hanner awr
i ddisgwyl am y wawr.

Oes, mae yna sŵn da i frawddeg fel honna. Rydan ni'n mwynhau'r geiriau yn galw ac yn ateb ei gilydd yn ein clustiau ni. Does yna ddim synnwyr o gwbl yn y llinellau hyn wrth gwrs – ond o! mae'r sŵn yn denu!

Ydych chi'n gyfarwydd â chwestiynau clyfar megis,

'Wyt ti'n gwybod pam?'
'Wyt ti'n gwybod be?'

Yr ateb traddodiadol i'r un cyntaf yw 'pwys o ham' ac i'r ail un: 'pwys o de'. Ond mae posib meddwl am atebion eraill yn ogystal, rwy'n siŵr o hynny. Beth am fynd ati i chwilio am odlau newydd?

Wyt ti'n gwybod pam?
1. Pwys o ham.
2. Brechdan jam.
3. ....
4. ....

Wyt ti'n gwybod be?
1. Pwys o de.
2. Dwi'n O Cê.
3. ....
4. ....

Beth am ragor o dasgau ar yr un patrwm?

Wyt ti'n gwybod pwy?
1. Eglwys y plwy.
2. Bil nwy.
3. ....
4. ....

Wyt ti'n gwybod pryd?
1. Car ar y stryd.
2. ....
3. ....
4. ....

Lol, rwdl, nonsens, ffwlbri llwyr yw'r llinellau hyn – dim synnwyr, ond sŵn da er hynny. Am y tro, dyna i gyd sy'n cyfri.

Un, dau, tri

Faint ohonoch sydd wedi clywed y rhigwm hwn tybed?

**Un, dau, tri,
Mam yn dal pry';
Pry' wedi marw,
Mam yn crio'n arw.**

Mae stori fechan yn y pennill hwnnw – stori drist iawn hefyd! Ond unwaith eto, chwarae gyda geiriau yw'r elfen amlycaf. Mae'r llinell gyntaf yn un gyfarwydd iawn ac yn un y byddwn yn ei defnyddio yn aml. Bydd y sawl sy'n cychwyn y ras yn y mabolgampau yn gweiddi ar y rhedwyr:

'Un, dau, tri,
I ffwrdd â chi.'

Bydd rhywun arall sy'n profi'r system sain cyn cyngerdd neu noson lawen neu ddawns yn tapio'r meic a dweud,

'Un, dau, tri,
Hwyl a sbri.'

Fedrwch chi feddwl am fwy?

Un, dau, tri,
1. ....
2. ....
3. ....
4. ....

Mae gennym, erbyn hyn, sawl pâr o linellau yn odli gyda'i gilydd. Ceisiwch ddatblygu'r syniad a llunio dwy linell arall i'w rhoi atynt a ffurfio pennill. (Gyda llaw, y gair am ddwy linell yn odli gyda'i gilydd yw *cwpled*.) Ystyriwch y cwpled cyntaf a meddyliwch am bennill sy'n ymwneud â chychwyn ras. Rhywbeth fel hyn:

Un, dau, tri,
I ffwrdd â chi,
Rhedwch ar eich hynt
Yn gyflym fel y gwynt.

Ewch chithau ati yn awr i lunio cwpledi ar yr un patrwm.

Posau odli

Pôs ac ateb yw'r ymarferiad nesaf. Gwrandewch am y sŵn unwaith eto.

Mae gen i ddwy ac mae'n odli â RHAW
ateb..
Mae gen i ddwy ac mae'n odli â COED
ateb..
Mae gen i ddwy ac mae'n odli ag UST!
ateb..
Mae gen i ddwy ac mae'n odli â TOES
ateb..
Mae gen i ddwy ac mae'n odli â BAICH
ateb..
Mae gen i ddau ac mae'n odli â DAFAD
ateb..
Mae gen i un ac mae'n odli â PREN
ateb..
Mae gen i un ac mae'n odli â LOL
ateb..
Mae gen i un ac mae'n odli â LLWYN
ateb..

Mae posib ychwanegu at y rhestr hon yn ddi-ben-draw – ar ôl gorffen gyda'r corff, gallwch fynd o gwmpas y tŷ, yr ardd, yr ysgol, y dref – a'r byd i gyd!

Pan ddewch chi yn eich holau, mae'n amser clywed pa fath o dywydd maen nhw'n ei addo at yr wythnos nesaf. Mae'r cyhoeddwr wedi paratoi'r bwletin ar ffurf penillion – ond wedi anghofio'r gair olaf ym mhob pennill. Gwrandewch am y sŵn a llanwch y bylchau.

Dyma'r tywydd

Dydd Sul
Mae'n gaddo'n o lew
Ond barrug fin nos
A thipyn o . . .

Dydd Llun
Fel diwrnod o haf,
Awyr las
A thywydd . . .

Dydd Mawrth
Rhaid derbyn beth ddaw:
Ychydig o heulwen,
Ychydig o . . .

Dydd Mercher
Diwrnod llwm
Cymylau duon
A bwrw'n . . .

Dydd Iau,
Mewn rhai mannau
Storm ddychrynllyd
O fellt a . . .

Dydd Gwener,
Oer erbyn hyn
Pobman dan flanced
O eira . . .

Dydd Sadwrn,
Hyfryd iawn,
Haul yn y bore,
Haul yn y . . .

Cynffonnau

Mi drown i fyd yr anifeiliaid am ychydig. Mae pob un o'r penillion yn y darn nesaf yn cyflwyno rhyw anifail neu aderyn inni. Unwaith eto, mae'r gair olaf – sef yr enw – ar goll. Mae tair llinell gyntaf y pennill yn disgrifio'r creadur – ond disgrifiad o un rhan yn unig ohono a gawn, sef ei gynffon. Mae'n debyg iawn i un o'r cystadlaethau hynny mewn comic neu bapur newydd sy'n gofyn ichi ddyfalu pwy yw perchennog yr wyneb ond eto does dim mwy nag un llygad neu un glust yn cael ei ddatgelu inni. Canolbwyntiwch ar y cynffonnau, felly, a cheisiwch ddyfalu beth yw cynffon pob pennill. Cofiwch am y sŵn!

Cynffonnau

Mae 'nghynffon i yn gyrliog
Rwy'n hoff o gaeau lleidiog
Rwyf yn odli gyda 'cochyn'
Fy enw i yw m . . .

Rwyf innau'n chwipio 'nghynffon
Pan fydda i'n flin, anfodlon,
Rwy'n llarpiwr llygod o bob math,
Fy enw i yw c . . .

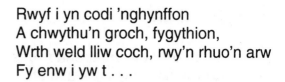

Rwyf i yn codi 'nghynffon
A chwythu'n groch, fygythion,
Wrth weld lliw coch, rwy'n rhuo'n arw
Fy enw i yw t . . .

Mae gen i bwt o gynffon,
Rwy'n nofio'r llyn a'r afon
Rwy'n hoff o dwtio plu fy aden,
Fy enw i yw h . . .

Rwyf innau'n siglo 'nghynffon
Pan fydda i'n glên a thirion,
Rwy'n codi 'nghoes i wneud pi-pi
Fy enw i yw c . . .

Rwy'n hongian wrth fy nghynffon
Gan siglo rhwng boncyffion,
Hoffaf fananas i lawr fy llwnc i
Fy enw i yw m . . .

Dwyf innau'n ddim ond cynffon
Rwy'n llyfn fel darn o wymon
Rwy'n sleifio dan y llwyn fel lleidr
Fy enw i yw n . . .

Rwy'n sefyll ar fy nghynffon
Wrth hopian dros y polion
Rwy'n dod o Awstralia ar fy llw
Fy enw i yw c . . .

Un galed yw fy nghynffon
Fel coeden yn yr afon
Llond ceg o ddannedd yw fy steil
Fy enw i yw c . . .

Ond rydan ni heb gynffon,
Mi edrychai braidd yn wirion
Hyd yn oed un bwt fel eliffánt
Oherwydd rydan ni yn b . . .

Olwen Odlau

Faint ohonoch chi sy'n gorfod mynd ar deithiau maith yn y car o dro i dro? Mae'r rheiny'n medru bod yn bethau diflas iawn yn dydyn? Mae llawer o gêmau y medrwch chi eu chwarae i ddifyrru'r daith wrth gwrs – gêmau cardiau, gêmau bwrdd magnetig, gêmau cyfri a chwilio a gêmau geiriol, tebyg i 'beth welaf i gyda fy llygaid bach i ond rhywbeth yn dechrau gyda'r llythyren . . . ' ac yn y blaen.

Pa un yw eich hoff gêm chi tybed? Mi glywais un plentyn yn sôn ei fod yn chwarae criced yn y car! Sut ar y ddaear mae hynny'n bosibl, meddwn i, ond roedd ei esboniad yn ddigon syml – mae rhywun yn batio ac yn cyfri'r ceir ddaw tuag ato. Pob car yn cyfri fel rhediad iddo ond pan ddaw moto-beic heibio, yna mae'r chwaraewr hwnnw 'allan'. A dyna sut mae'r milltiroedd yn gwibio heibio drwy chwarae criced yn y car!

Gêm arall y medrwch ei chwarae yw odli enwau ar arwyddion ffyrdd. Ar ein teithiau, down ar draws llawer o enwau lleoedd gwahanol – gydag amryw ohonynt yn rhai dieithr a rhyfedd. Mae'n hwyl ceisio meddwl am gymaint ag sy'n bosib o eiriau i odli â'r enwau hyn.

Dyma yw hoff gêm merch o'r enw Olwen. Ond mae rhywbeth arall y dylech wybod amdani – mae hi'n hoff iawn o'i bwyd hefyd. Dydi clirio'i phlât byth yn broblem iddi a'i hoff ddull o deithio yw clymu'r ddau gan odli enwau'r arwyddion ffyrdd gydag enwau bwydydd.

Gwrandewch ar y cwpledi hyn a cheisiwch lunio rhai tebyg iddyn nhw gan ddefnyddio enwau lleoedd y dewch chithau ar eu traws.

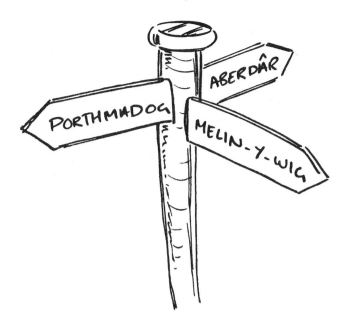

Olwen Odlau

Hobi Olwen ydi llenwi'i thrap
Ac odli bwyd efo enwau ar fap.

Mynd ffwr-bwt drwy Gwm Sgwt i Sgeti,
Pizza, salami, lasania, sbageti.

Draw ar y gwynt i Raeadr Gwy,
Salad letys, tomato ac ŵy.

Yna dilyn y ffordd i Dudweiliog,
Aden hwyaden a choes y ceiliog.

Rowndio'r môr am Randir Mwyn,
Pys a ffa a thatws drwy'u crwyn.

Mae hi wedyn yn nhre Porthmadog,
Bag o sglodion a chlamp o hadog.

Bwrw i'r de am Aberdâr,
Bara a chaws a chawl cyw iâr.

Ymlaen â hi ac ym Melin-y-wig,
Bara garlleg a phastai gig.

Troi i ganol prysurdeb Treganna,
Hufen iâ a chwch banana.

'Dyna ddigon o lolian,' dwrdiodd Dad.
'Does dim digon o fwyd i odli'r holl wlad,
Na digon o farddoniaeth yn enwau'r pentrefi.
Pasia'r grêfi.'

Ffrindiau ymysg y ffrwythau

Mae hi'n talu i fod yn ffrindiau gyda rhai pobl. Yn enwedig os ydyn nhw'n gymeriadau lliwgar sydd wedi teithio'r byd ei led a'i hyd, pob un gyda'i flas ei hun ar ei straeon, yn llawn bywyd ac afiaith ac yn gwmni da os ydych chi mewn powlen treiffl jeli neu dwb o iogyrt.

Pobl felly ydi'r cyfeillion hynny sydd i'w gweld yn y siop ffrwythau. Mae rhai ohonyn nhw'n ddigon byr eu tymer, eraill yn fwynach – ond maen nhw i gyd yn ddiddorol dros ben.

'Ond nid pobl ydi ffrwythau,' meddai rhywun. Mi gawn ni weld. Yn gyntaf, mae'n rhaid creu rhestr o'r criw i gyd. Dyma ddechreuad ichi:

afal, oren, banana, tanjerîn, gellygen, ceirios, grawnwin coch, melon, afal pîn, grawnffrwyth, lemon, ciwi, tomato, eirin, mefus, mafon, eirin Mair (neu gwsberan), riwbob, mwyar, mango, coconyt

Rwy'n siŵr bod llawer rhagor

....
....
....
....

Gan mai pobl ydi'r cyfeillion hyn i ni, mae gan bob un deitl megis:

Mistar, Musus, Mus, Y Parchedig, Y Brenin, Y Brawd, Y Chwaer, Y Prifardd, Y Gwir Anrhydeddus, Y Fonesig, Yr Archdderwydd, Y Frenhines

Gallwch chithau ychwanegu at y rhestr hon. Y cam nesaf yw cyplysu teitl gyda phob ffrwyth:

Mistar Tomato
Yr Archdderwydd Afal
Musus Mefus
Y Brawd Ciwi
Mus Grawnwin Coch
Y Prifardd Tanjarîn

Ceisio chwilio am odlau a llunio cwpledi sy'n disgrifio cymeriad y ffrwythau yw nod hyn i gyd. Ceisiwch gadw llun rhyw wyneb ar groen y ffrwythau yn eich meddwl a thrwy hyn gallwn gyfuno llun a geiriau. Er enghraifft, os yw tomato wedi llyncu mul ac wedi pwdu, efallai ei fod yn edrych fel hyn:

Mistar Tomato
wedi cymryd ato.

Dyma rai posibiliadau eraill:

Musus Mefus
Yr eneth hapus.

Y Prifardd Lemon
Ogla sebon.

Y Brawd Banana
Yn nhraed ei sana.

Musus Gellygen
Sy'n trio dal llygoden.

Y Parchedig Coconyt Jôs
Mewn coler gron drwy'r nos.

Mistar Afal-pîn
Hen ddyn bach blin.

Y Brenin Oren Mawr
Fel haul yn mynd i lawr.

Y Cyfaill Ciwi
Sy'n dipyn o hipi.

Ewch chithau ati. Lluniwch enw crand i ffrwyth neu lysieuyn, yna meddyliwch am eiriau sy'n odli gyda'r ffrwyth. O roi'r cyfan at ei gilydd, oes yna lun yn tyfu?

Dau gliw ar y tro

Gêm ddyfalu ydi hon. Mae un yn y dosbarth yn gosod dau gliw a bydd y ddau ateb cywir yn eiriau sy'n odli gyda'i gilydd.

Swnio'n gymhleth? Na, mae'n syml iawn o roi'r peth ar waith.

Dyma enghraifft o ddau gliw.
1. Wedi mynd i oed.

2. Peiriant ar y cledrau.

Pa air sy'n cael ei awgrymu gan Gliw 1? Ateb – **hen**.

Pa air sy'n cael ei awgrymu gan Gliw 2? Ateb – **trên**.

Mae **hen** a **trên** yn odli a dyna gadarnhau bod yr ateb yn gywir.

Dyma ddau gliw arall:
1. cadair
2. gwych
Ateb: sêt grêt!

Yr hyn sy'n dda gyda'r gêm hon yw y gallwch ei chwarae wrth y bwrdd bwyd, ar yr iard, wrth fynd am dro, ar daith yn y car, yn eich gwlâu, ar y môr, ar y mynydd – mae'r rhestr yn ddiddiwedd ac mae'r cliwiau posibl yn ddiddiwedd hefyd.

Ar y ffordd i Afon-wen

Llenwi'r bylchau yw'r tasgau hyn. Gwrandewch ar y sŵn a dilynwch y rhythm a chwiliwch am y geiriau.

Cân boblogaidd Sobin a'r Smaeliaid yw man cychwyn y dasg gyntaf.

1. Ar y ffordd i Afon-wen
   Mi gollais i fy mhen
   O, rhois y cyfan iddi hi . . .

Gallwch lafarganu'r penillion neu eu canu o gwmpas y piano efallai. Mae'r canwr yn colli rhyw ddarn o'i gorff yn y gân yn ogystal â rhoi ei galon i'w gariad. Ffwrdd â chi!

2. Ar y ffordd i Benrhyn-coch

....

3. Ar y ffordd i Randir-mwyn

....

4. Ar y ffordd i Bont-y-pant

....

5. Ar y ffordd i Bont-ar-sais

....

6. Ar y ffordd i Ton-teg

....

7. Ar y ffordd i Bwll-y-glaw

....

8. Ar y ffordd i Ynys Lawd

....

9. Ar y ffordd i Ben-y-groes

....

10. Ar y ffordd i Ryd-y-gwin

....

Gas gen i wisgo tei

Faint ohonoch chi sy'n hoffi gwisgo tei tybed? Faint ohonoch chi sy'n *gorfod* gwisgo tei? Yn tydi tei yn niwsans, dwedwch? Pan fyddwch chi'n bwyta eich creision ŷd i frecwast, beth sy'n mynd i mewn i'r bowlen? Pan fyddwch chi'n yfed eich llaeth/llefrith/siocled cynnes/Ribena – beth sy'n mynd i mewn i'r mỳg? Wrth gadw'r cyllyll a ffyrc yn y drôr, beth sy'n mynd yn sownd wrth ichi gau hwnnw? Wrth ichi dynnu drws y stafell ar eich ôl, beth sy'n cael ei ddal yn y drws? Wrth seiclo i'r ysgol, beth sy'n mynd yn sownd yn olwyn y beic? Ie, y tei!

Ond dyma rannu cyfrinach fach efo chi – gan ei bod hi mor hawdd baeddu'r tei, mae'n hawdd cael gwared ag o. Mae rhywun yn siŵr o roi ffrae ichi am fod gennych chi dei budur; felly dyma chi'n newid y tei am un glân – a baeddu hwnnw wedyn! Toc, fydd 'na 'run tei glân ar ôl yn y cwpwrdd.

Sut ewch chi ati i faeddu'r teis? Cofiwch fod dewis o fwy nag un gair i lenwi'r bwlch weithiau.

Gas gen i wisgo tei

Aeth y tei llwyd
i mewn i'r bwyd.

Aeth y tei coch
i fwyd y moch.

Aeth y tei gwyn
i mewn i'r...

Aeth y tei melyn
i'r goeden..

Aeth y tei pinc
i mewn i'r..

Aeth y tei nêfi
i mewn i'r..

Aeth y tei mwstard
i mewn i'r..

Aeth y tei streips
i lawr y...

Aeth y tei sbotyn
i mewn i'r..

Aeth y tei fioled
i lawr y...

Aeth y tei glas
hefyd i le cas.

Aeth yr unig dei glân
i mewn i'r tân.

A dyna ddiwedd y gân.

62

Well gen i . . .

Mae gan bob un ohonom ni ein ffefrynnau ac mae cyfle yn y dasg hon inni gael rhoi trefn ar ein cas bethau a'n breuddwydion i gyd.

Mae hi'n dipyn o **ni** a **nhw** arnom ni yn gyson. Mae'n clwb ni yn well na'u clwb nhw; mae'n hysgol ni yn well na'u hysgol nhw; mae'n tre ni yn well na'u tre nhw. Felly beth am ddechrau gyda'r llinell hon:

Well gen i fod yn ni nag yn nhw

Er mwyn taclo'r dasg hon, rhaid yn gyntaf restru cymaint o odlau ag sy'n bosibl gyda'r gair olaf **nhw**. Ffwrdd â ni 'ta:

gwdihŵ
Timbyctŵ
sŵ
cocatŵ
bŵ
llw
shampŵ
pŵ
iŵhŵ
shŵ
cangarŵ
clŵ
bw-hŵ
cocadwdl-dŵ

Dyna ni – mae gennym batrwm wedi'i sefydlu yn y llinell gyntaf ac mae gennym y gair olaf ar gyfer pob llinell rydan ni'n mynd i'w hychwanegu at y llinell honno. Camp y dasg hon yw dewis y gair canol – y peth hwnnw yng nghanol y llinell sydd naill ai'n groesystyr neu yn creu pâr rywsut neu'i gilydd gyda'r gair olaf. Chewch chi ddim dweud:

Well gen i fod yn gocatŵ nag yn gwdihŵ

Pa enw rowch chi yn gymar i'r gwdihŵ felly? Beth am enw aderyn arall fel robin goch, titw tomos las? Iawn. Neu beth am heliwr arall sydd hefyd yn mynd at ei waith liw nos fel cath, llwynog? Neu beth am rywbeth hollol wahanol – mae'r gwdihŵ yn perthyn i'r nos, beth am rywbeth sy'n perthyn i olau haul, e.e.

Well gen i fod yn llygad y dydd nag yn gwdihŵ.

Dyma ichi gasgliad posibl:

Well gen i fod yn ni nag yn nhw;
Well gen i fod yn gath nag yn gwdihŵ;
Well gen i glywed be na chlywed bŵ;
Well gen i sebon na shampŵ;
Well gen i mmm! na pŵ!
Well gen i Shwmai na Shŵ
Well gen i glywed chwerthin na chlywed bw-hŵ
Well gen i helô na twdl-ŵ.

Drwy newid y llinell gyntaf a newid yr odl, mae'r posibiliadau yn ddiddiwedd. Ceisiwch osod llinell gyntaf ddifyr gyda modd i ychwanegu digon o odlau hwyliog ati. Dyma chydig enghreifftiau ichi ddechrau arni. Cofiwch feddwl am lawer o eiriau posibl cyn setlo ar y gair canol:

Well gen i fod yn denau nag yn dew;
Well gen i heulwen na rhew;
Well gen i Pero na Phwsi Meri Mew;
Well gen i foelni na blew;
Well gen i fod yn olreit nag yn o lew;
Well gen i fod yn llygoden nag yn llew.

Well gen i fod yn fach nag yn fawr;
Well gen i fod yn gorrach nag yn gawr;
Well gen i fynd i fyny nag i lawr;
Well gen i ddiwrnod nag awr;
Well gen i fachlud na gwawr.

Well gen i fod fel yna nag fel hyn;
Well gen i gael lliw haul na bod yn wyn;
Well gen i fod mewn bàth nag mewn bun.

Daliwch ati gan ddefnyddio rhai o'r odlau hyn (ac ychwanegu atynt os medrwch chi):

bryn; tun; syn; llyn; tynn; Wyn; ffyn.

Dyma ragor:

Well gen i fod yn esgid nag yn bêl;
Well gen i fod yn yr ysgol nag yn y jêl;
Well gen i'r Royal Mint na'r Royal Mêl.

Ychwanegwch linellau eto:

rêl; gêl; stêl; brechdan fêl; sêl.

Well gen i roc na rôl;
Well gen i fod ar y blaen na bod ar ôl;
Well gen i waith na bod ar y dôl.

Dewis o odlau:

stôl; gôl; North Pôl; ffôl; siôl; y ddôl; sosej rôl; pen ôl; nôl.

* * *

Well gen i ffacs na ffôn;
Well gen i glywed si na chlywed sôn;
Well gen i dwll yn fy nhrôns na thwll yn yr osôn.

Dewis o odlau:

ugain stôn; lawr y lôn; Toblyrôn; lepracôn; Alcapôn; King Côn; Sir Fôn; baritôn; trombôn; Molly Malôn.

* * *

Well gen i fod yn ifanc nag yn hen;
Well gen i fod yn lemon na bod efo brên;
Well gen i daro fy nhrwyn na tharo fy ngên.

Odlau posibl:

clên; siampên; gwên; trên; stên; eroplên; hyricên; Grêt Dên; Meri Jên; chow mên.

* * *

Well gen i ha ha na ho ho;
Well gen i 'o ble ti'n dod?' na 'lle ti'n dod o?';
Well gen i *Oui-oui!* na *No! no!*

Odlau posibl

llo; dicibô; jig-sô; clo; gwneud y tro; talihô; Jim Cro; si-sô; wô!; ar ffo; aderyn y to; gro; bro; esgimô; dweud 'Do'; dominô; bwci-bô.

* * *

Well gen i fod yn fyw nag yn dedi-bêr

Well gen i fod yn grwn nag yn sgwâr

Well gen i fod yn fo na bod yn fi.

Meddyliwch am fwy!

Meddai, meddai, meddai

Darllenwch y sgwrs hon yn uchel:

'Helô?' meddai Bryn,
'Helô?' meddai Gwyn;
'Mae'n braf,' meddai Bryn,
'Ydi wir,' meddai Gwyn;
'Sut wyt ti?' meddai Bryn,
'Da iawn, diolch,' meddai Gwyn;
'Rhaid imi fynd,' meddai Bryn,
'Hwyl fawr,' meddai Gwyn.

Rwy'n siŵr eich bod wedi clywed ugeiniau o sgyrsiau tebyg ar balmant y stryd, yn y caffi, ar faes Eisteddfod a chant a mil o leoedd eraill. Beth sy'n bod arni, felly?

Un o'r rhesymau pam mae hi'n ddiflas yw ei bod yn undonog iawn yn y ffordd mae wedi'i chyflwyno inni. 'Meddai Bryn / meddai Gwyn / meddai Bryn' – yr un hen gân o hyd ac o hyd.

Mae cannoedd o eiriau ar gael yn yr iaith i fynegi'r gwahanol bwyslais neu'r gwahanol liw sydd ar ein siarad, ond am ryw reswm rydym yn mynnu cyfyngu ein hunain i 'ebe' neu 'meddai' neu 'dwedodd' byth-dragwyddol. Yn yr ymarferiad hwn, byddwn yn cael cyfle i ehangu'r dewis o ferfau sy'n disgrifio'r weithred o wneud sŵn gyda'n cegau ond byddwn yn cael dipyn o sbort hefyd wrth greu sgwrs rhwng gwahanol greaduriaid.

Gwrandewch ar y sgwrs hon yn gyntaf:

Sgwrs yr anifeiliaid

'How-di-dŵ?'
cyfarchodd y gwdihŵ.
'Faint ydi hi o'r gloch?'
holodd y moch.
'Amser bwyd?'
gobeithiodd y wiwer lwyd.
'Rwyt ti eisoes rhy dew,'
oedd barn y llew.
'Wyt braidd,'
ychwanegodd y blaidd.
'Oes 'na feniw yn fa'ma?'
cwestiynodd y lama.
'Mi gymera' i'r stiw 'ma,'
penderfynodd y piwma.
'Ga' i ddropyn?'
gwichiodd y pry copyn.
'Dwi isio 'mhwdin rŵan,'
mynnodd y sliwan.
'Da fasa banana,'
breuddwydiodd y pirana.
'Na! Hufen iâ,'
cwerylodd iâr fach yr ha'.
'Ia, un fanila,'
ategodd y gorila.
'Ew, mae gynnoch chi sŵn,'
sibrydodd y racŵn.
'Siarada'n uwch!'
gorchmynnodd y fuwch.
'Bobol y Bala!'
ebychodd yr arth coala.
'Mae'n shang-di-fang!'
cwynodd yr orang-wtang.
'Amen,'
cytunodd yr arth wen.
'Beth am fynd am dro?'
canodd aderyn y to.
'Mynd i lan y môr?'
cynigiodd y deinosôr.
'Wel dyna náff!'
wfftiodd y jiráff.

Ac mi gafodd pawb láff!

Gadewch inni astudio rhai o'r geiriau sy'n rhoi mwy o wybodaeth inni ynglŷn â sut yn union y mae'r cymeriadau yn dweud eu dweud. Chwiliwch am eiriadur neu thesawrws a rhestrwch ragor o ferfau sy'n eithaf tebyg o ran ystyr i'r rhain:

cyfarch ....
holi ....
barnu ....
bygwth ....
gwichian ....
rhuo ....
mynnu ....
grwgnach ....
wylo ....
ategu ....
sibrwd ....
gweiddi ....
ebychu ....
cwyno ....
canmol ....
chwerthin ....
canu ....
trydar ....
wfftio ....

Mae gennych fwy o ddewis o eiriau at eich gwasanaeth rŵan. Mae'n amser eu rhoi ar waith. Ewch ati i greu ychydig gwpledi, e.e.

'Helô,'
gwaeddodd jac-y-do.

'Fi sy'n y bync,'
hawliodd y sgync.

'Edrychwch arnaf i,'
chwarddodd y tshimpansî.

'Wyt ti isio swadan?'
bygythiodd y chwadan.

'Ddim y fi 'nath!'
protestiodd y gath.

'Na finna,'
adleisiodd yr hyena!

'Rhaid imi fynd i'r banc,'
cwynodd y cranc.

'Nefi blŵ!'
rhyfeddodd y cocatŵ.

Pan fydd gennych amryw o gwpledi, ceisiwch eu gosod mewn rhyw drefn fel eu bod yn dilyn ei gilydd ac yna ychwanegwch gwpledi o'u blaenau ac ar eu holau nes bod sgwrs fer yn datblygu. Dwi'n siŵr y cewch dipyn o hwyl wrthi ac y bydd yn llawer difyrrach na'r sgyrsiau glywch chi ar balmant y stryd!

Sgwrs yr anifeiliaid

'Mae 'ngheg i'n sôr,'
Cwynodd y deinosôr.
'Taw da chdi,'
Cegodd y ci.
'Ble mae'r lŵ?'
Gofynnodd y cangarŵ.
'Tu ôl i'r bync,'
Atebodd y sgync.
'Helô? Helô?'
Amheuodd y llo.
'Dyna le cas,'
Awgrymodd y morfil glas.
'Dos allan o 'nhŷ!'
Gwylltiodd y pry'.

Ysgol Bro Gwydir, Llanrwst

Does dim rhaid aros ym myd yr anifeiliaid chwaith. Mae modd casglu enwau pob mathau o bethau: afonydd mawr y byd, dinasoedd, enwau ceir, offerynnau cerdd, enwau pobl. Unrhyw gasgliad sy'n cynnig enwau difyr ac odlau newydd.

Dyma rai sy'n defnyddio enwau egsotig ar goed a blodau, gan gynnwys enwau Lladin a hefyd llysenwau:

Sgwrs y coed a'r blodau

'Lle awn ni am bunt?'
Gofynnodd blodyn y gwynt.
'Beth am Paris?'
Cynigiodd y leim fwlgaris.
'Fasan well gen i Ciwba,'
Brathodd y cwercws rwba.
'Nage – yr Antartica,'
Gwaeddodd yr hyrtica dwertica.
'Well gen i Snowdonia,'
Rhuodd y welingtonia.
'Mi fasa hynny'n O.K.'
Cytunodd y 'bau'.

'Gawn ni fwyta chocs!'
Cynhyrfodd y pren bocs.
'Ei di'n rhy dew,'
Rhybuddiodd dant y llew.
'Ond mae'r chocs yn ffantastic!'
Chwarddodd y goeden Cwîn Vic.

Ysgol Tregarth

Sgwrs y coed a'r blodau

'Mae gen i rigian,'
Nododd y gastan Indian.
'A finna hefyd,'
Cwynodd y goeden ysbryd.
'Haleliwia,'
Chwarddodd y magnolia.
'Dim mwy o Ribena,'
Rhybuddiodd coeden Tina.
'Rhaid ichi lyncu'ch sleim,'
Cynghorodd y goeden leim.
'Neu frathu eich gwefus,'
Ychwanegodd y goeden fefus.
''Dach chi ddim hanner iach,'
Cyhoeddodd y clustiau ŵyn bach.
'Druan o'r claf,'
Criodd y craf.
'Tybed pa fath?'
Holodd y goeden pi-pi cath.
'Y gwddw sy'n cosi,'
Esboniodd y goeden troi a throsi.
'Wel, wel,'
Ebe'r goeden ymbarél.
'O mae hyn yn boncyrs,'
Wfftiodd y goeden goncyrs.

Ysgol Llanllechid

CYTSEINEDD

Galw ar ei gilydd

Faint ohonoch chi sy'n cofio'r trên bach glas annwyl hwnnw y gwelsoch chi fideos ohono ers talwm? Efallai ichi ddarllen llyfrau yn adrodd ei hanesion yn ogystal. Rhywbeth 'y Tanc' oedd ei enw yntê? Ie, dyna chi – 'Tomos y Tanc'.

Pam nad ydan ni yn ei alw'n 'Idwal y Tanc' neu 'Anwen y Tanc' neu 'Eryl y Tanc'? Na, does yr un o'r enwau hynny yn swnio gystal rywsut. Nid bod dim byd o'i le ar yr enwau ynddynt eu hunain – byddai Idwal yr Indiad neu Anwen yr Angel neu Eryl yr Eryr yn taro'n iawn, ond am ryw reswm Tomos y Tanc yw'r enw gorau ar yr injan drên.

Beth yw'r rheswm tybed? Ie, dyna chi – mae'r ffaith fod Tomos yn dechrau gyda'r llythyren T yr un fath â Tanc yn rhoi sŵn da i'r enw. Maen nhw yr un fath â tractor yn tynnu trelar – mae'r ddau air yn bachu yn ei gilydd. Yr hyn sy'n eu bachu nhw, yn eu cydio nhw wrth ei gilydd ydi'r sain T ar ddechrau'r ddau air. Maen nhw'n galw ar ei gilydd ac yn canu rhyw gloch yn y glust.

Pe na bai'n cael ei alw'n Tomos, pa enw arall y gallem ei roi arno? Anghofiwch am odli rŵan – mae odli yn dynwared y sŵn sydd ar ddiwedd gair. Mae Hank y Tanc, Ianc y Tanc neu Frank y Tanc yn odli, ond nid hynny sydd gennym o dan sylw y tro hwn. Dynwared y sŵn ar ddechrau geiriau yr ydan ni felly rhaid meddwl am enwau megis:

Trystan y Tanc
Tirion y Tanc

Does dim rhaid i'r trên fod yn fachgen, wrth gwrs. Beth am:

Teleri y Tanc
Tanwen y Tanc

Fedrwch chi feddwl am ragor?

....
....
....
....

Awn yn ôl at Tomos y Tanc am funud. Meddyliwch am yr holl gymeriadau rydych wedi dod ar eu traws mewn cartwnau, mewn ffilmiau, mewn llyfrau, mewn rhaglenni teledu ac mewn comics. Mae llawer ohonyn nhw'n dilyn y patrwm o ddynwared sŵn y llythrennau cyntaf wrth enwi'r cymeriadau. Dyma ichi enghreifftiau:

Charlie Chaplin
King Kong
Postman Pat
Bugs Bunny
Mega Man
Peter Pan
Pink Panther
Road Runner
Mighty Max
Beauty and the Beast

Rwy'n siŵr y medrwch chi ychwanegu llawer at y rhestr hon:

....
....
....
....

70

Yn awr, meddyliwch am eich cymeriadau Cymraeg. Cofiwch mai ailadrodd y sain ar **ddechrau'r** enwau yr ydym yn awr yn hytrach nag ailadrodd y sain ar eu diwedd er mwyn creu odl. Dydi **Sali Mali** na **Dennis the Menace** ddim ynddi felly ond mae'r rhain yn y Gymraeg:

Tecwyn y Tractor
Morgan y Mwnci
Breian Bwgan Brain
Pingw y Pengwin
Benjamin Bwni
Tegid y Twrch Daear
Plismon Puw
Rala Rwdins
Wini'r Wrach
Jac y Jwc
Huwi Hurt

Ychwanegwch chwithau at y rhestr:

....
....
....
....

Rydan ni am daro i mewn i'r siop fferins (neu'r siop losin, siop melysion, siop da-da) yn awr. Dewch i mewn a sylwch ar yr holl bethau blasus sydd o'n cwmpas. Fedrwch chi enwi rhai sydd yn dilyn yr un patrwm o ailadrodd ag yr ydan ni wedi sylwi arno eisoes. Dyma rai i roi cychwyn ichi:

taffi triog
lemon a leim
Tic-Tacs
Murray Mints
Kit Kat
Coca Cola
Tip-Top
Bits & Bobs
Hwla-Hŵps
marsh malo

....
....
....
....

Cofiwch am y rhewgell hufen iâ yn ogystal:

Raspberry Ripple
Double Decker
Chocolate Chip
Big Bang
Rum an' Raisins
Ninety-Nine
Strawberry Split

....
....
....
....

A beth am ychydig nwyddau eraill i'r cwpwrdd bwyd?

bara brown
bêcd bîns
sosej sbeisi
tun tomatos
bîff-byrgyr
cig coch
cornfflêcs Kellog's
caws Caer
menyn melys
bag blawd
jar o jam
ffish-ffingar
bara brith
cawl cennin
stwnsh swejan

....
....
....
....

Beth amdanoch chithau? Beth fyddai eich enw chi petaech chi'n anifeiliaid neu'n adar? Dyma rai enwau plant wedi'u cyfuno ag enwau creaduriaid:

Carwyn y Crwban/Cangarŵ/
**   Crocodeil/Camel**
Nerys y Neidr
Meirion y Mwnci/Mochyn
Siwan y Sebra
Llywarch y Llew/Llygoden/Llewpart
Elin yr Eryr
Pedr y Pry/Porciwpein/Panda/
**   Pili-pala**
Gwilym y Gorila

Ychwanegwch ragor o'ch dosbarth chi:

....
....
....
....

Beth fyddai eich enw petaech yn
    a) offeryn cerdd?
    b) rhyw fath o gar?
    a) ....
    b) ....
Os mai AWYR yw eich testun, yna rhaid i enw pob plentyn gydio wrth enw rhywbeth sy'n perthyn i fyny yn y fan'na a thu hwnt.
    Gall Carys ddewis Cwmwl neu Comet neu Cenllysg.

    Gall Elwyn ddewis Enfys neu Eira neu Eryr hyd yn oed.

Undeg	– UFO neu Uranus
Peredur	– Propelar/Pluen/Parasiwt
Non	– Niwl/Nos/Neptune
John	– Jumbo/Jet/Jupiter
ac ati.	

★ ★ ★

Efallai mai GWAITH yw eich thema. Dyma ddetholiad byr i sefydlu'r patrwm:

Iola Injan Dân
Arthur Archaeolegwr
Dafydd Ditectif
Mirain y Model
Ben y Bynji-jympar
Rhys y Rhawiwr
Caryl Kwik-save
Owain Optegydd

Disgrifio'r corff

Ydych chi wedi sylwi mor wahanol ydym ni? Er ein bod ni'n debyg i'n gilydd o'n cymharu gydag eliffantod neu grocodilod efallai, mae siâp a lliw a maint a chymeriad gwahanol i wahanol rannau o gyrff pob un ohonom.

Mae rhai ohonom yn **fyr**, eraill yn **dal,** rhai yn **dew**, rhai yn **denau** a rhai yn **eiddil**, eraill yn **llydan** a **chyhyrog**. Mae ambell fys yn **fyr**, un arall yn **hir,** ambell goes yn **gref**, un arall yn **wan** ac ambell law yn **oer**, un arall yn **gynnes**. Gall llygaid fod yn **annwyl**, yn **loyw**, yn **bell**, yn **freuddwydiol**, yn **gysglyd**, yn **ddireidus**, yn **ddagreuol**, yn **greulon**, yn **garedig**, yn **las** neu yn **dywyll**. Gall gwalltiau fod yn **llaes**, yn **gwta**, yn **flêr**, yn **dwt**, yn **daclus**, yn **dew**, yn **denau**, yn **ddu** neu yn **felyn**. Rwy'n siŵr y

medrwch chithau ychwanegu at y rhestrau hyn.

Mae'r geiriau tywyll yn y paragraff uchod i gyd yn cyflawni gwaith neu swyddogaeth arbennig. Geiriau ydyn nhw sy'n disgrifio gwahanol rannau o'r corff. Yr enw ar air sy'n disgrifio yw **ansoddair** (gan fod y **gair** yn dweud sut **ansawdd** sydd i'r hyn sy'n cael ei ddisgrifio).

Ewch chithau ati i ddisgrifio gwahanol rannau o'r corff, ond gan ailadrodd llythyren gyntaf y gair yn llythyren gyntaf yr ansoddair:
e.e. **c**efn **c**adarn
Dyma gyfle da i fwrw golwg drwy'r rhestrau yn y geiriaduron – a chael hwyl wrth wneud.

cefn ....
dwylo ....
pen ....
trwyn ....
cegau ....
bochau ....
coesau ....
ysgwydd ....
breichiau ....
bys ....
arddwrn ....
traed ....
pengliniau ....
ffêr ....
llygaid ....
clustiau ....
gwallt ....
ael ....
gwddw ....

Ceisiwch greu stori neu esboniad sy'n egluro'r hyn mae ambell ansoddair annisgwyl yn ei greu, e.e. gall **dwylo dawnus** olygu dwylo crefftwr. Pwy sy'n arfer crefft gyda'i ddwylo – crochenydd efallai. Lluniwch restr o barau sy'n creu rhythm arbennig, e.e.

dwylo dawnus, dwylo dyfal, dwylo da

Yna, lluniwch ddwy linell i ddarlunio crefftwr wrth ei waith. Dyma bennill o'r fath am y crochenydd:

Bwydo'r dŵr a'r bwrdd yn troi,
Blodyn yn tyfu o'r clai,
Dwylo dawnus, dwylo dyfal, dwylo da.

Rhestr arall bosibl fyddai:

**dwylo di-ddim, dwylo diflas,
dwylo di-waith**

Meddyliwch am gwpled sy'n cyd-fynd â naws y parau hynny o eiriau.
Gallwch ddilyn yr un egwyddor gyda'r cyfuniadau eraill.

Lluosogi llythrennau

Rydan ni i gyd wedi dysgu rhifo '**un, dau, tri . . .** ' ers talwm hefyd. Y tro yma, llythrennau ydi testun y wers fathemateg. Ond sut ar y ddaear mae lluosogi llythrennau?

Beth am ddechrau yn y dechrau – a hynny gyda'r rhif **un**? Beth yw llythyren gyntaf y gair? Ie, wrth gwrs, y llythyren **u**. Fedrwch chi feddwl am eiriau eraill sy'n dechrau gyda'r llythyren **u**? Ychwanegwch at y rhestr hon:

uwd, utgorn

....

....

Drwy ddweud
'un utgorn'
rydan ni'n lluosogi'r llythyren u. Ewch chithau ati i luosogi'r rhifau canlynol drwy ychwanegu gair neu eiriau addas ar eu holau yn yr un modd:

dau ....
dwy ....
tri ....
pedwar ....
pum ....
chwe ....
saith ....
wyth ....
naw ....
deg ....

Ceisiwch symud y frawddeg yn ei blaen yn lle pentyrru ansoddeiriau – cofiwch nad oes dim o'i le mewn rhoi ambell eiryn bach i mewn yma ac acw. Dyma rai enghreifftiau:

Tri Trafferthus yn Trio gwneud Tric.
Pedwar Postmon yn Paldaruo ffwl Pelt mewn Pabell.
Pum Pengwin Porffor yn Paratoi Pwdin Pinc i'r Parti.
Chwe Chwannen Chwim yn Chwarae Chwrligwgan yn y Chwarel Chwaethus.
Saith Sarff Stumoglyd yn Stwffio Sebra Sylweddol i'w Safnau yn y Sahara.

Un Utgorn
Dau Darw Du
Tri Tractor Trist ar y Tir
Pedwar Plentyn Poenus yn y Parc yn bwyta Pupur
Pum Pêl yn mynd Pop-pop yn y Parti Pen-blwydd
Chwe chwaden yn Chwalu Chwain Chwim wrth Chwarae Chwist
Saith Sebra Swnllyd o'r Swisdir yn Sgrialu am y Sŵ ac yn Smocio Sigârs
Wyth Wili Wombat mewn Welis o Wrecsam yn bwyta Ŵy Wedi'i Weindio yn Wembli.
Naw Nain Noeth yn Neidio i'r Nant ac yn Nofio drwy Nefyn i'r Netherlands i Nythu mewn croen Neidr.
Deg Deinosor Dwl yn Dawnsio Disgo ar ben Dad ac yn Darganfod Dominos yn ei Drôns Du Drewllyd.

Ysgol Twm o'r Nant

75

Mai Melys Mwyn

Ganrifoedd yn ôl, roedd bardd o'r enw Dafydd ap Gwilym yn byw yng Nghymru ac yn canu cerddi i'w gariadon ac i fyd natur. Ef, yn ôl rhai, oedd y bardd mwyaf a fu yng Nghymru erioed. Yn sicr, roedd yn grefftwr tan gamp – cyfansoddodd gerdd hir gyda phob llinell yn odli gyda'r gair Mai. Roedd wedi colli'i ben yn lân gyda'r haf a'r haul a glesni'r dail ac felly roedd gweld Mai yn cyrraedd yn gwneud iddo wirioni. Dim rhyfedd nad oedd yn methu peidio odli!

Fel rheol, bydd odl yn digwydd ar ddiwedd llinell. Felly y mae yng ngherdd Dafydd ap Gwilym. Ond gallwn ddefnyddio Mai ar ddechrau llinell yn ogystal – nid er mwyn ei odli y tro hwn ond er mwyn dynwared llythyren gyntaf y gair.

Mae'r geiriau **clai, tai, rhai, bai, nai** i gyd yn dynwared sain olaf Mai ac felly'n odli gydag enw'r mis.

Mae'r geiriau **mis, mae, malwod, morgrug, mwyn, mêl, miri, melyn, meddal** i gyd yn dynwared sain gyntaf **Mai** – a dyna beth rydym ni am ei wneud yn awr.

Cerdd fer yn unig ydi'r nod. Dim ond pedair llinell. Defnyddiwch eiriadur i'ch cynorthwyo oherwydd rhaid dewis a dethol y geiriau yn ofalus mewn pennill mor fyr. Does dim angen odl ar ddiwedd y llinellau a dim ots am hyd y llinellau.

Dyma enghreifftiau o gwrs barddoniaeth yng ngwersyll Glan-llyn:

Mai sy'n peintio'r coed yn las,
Mis bach fel yr haf.
Mae'n mynd â'r gaeaf i Awstralia.
Melyn yw'r mis.

Mor brydferth yw'r gwanwyn.
Mae'r gog yn ei hôl.
Mai yw'r mis gorau a gaed.
Mis fy mhen-blwydd.

Lluniwch chithau bennill byr:

M ....
M ....

M ....
M ....

Yna, meddyliwch am fis eich pen-blwydd chithau ac ewch ati i lunio pennill tebyg gan ddefnyddio llythyren gyntaf y mis hwnnw. Bydd y geiriadur yn siŵr o gynnig cymorth unwaith eto.

Dull arall o gydio'r llythrennau cyntaf wrth ei gilydd yw sillafu gair ar i lawr fel hyn:

H
A
F

Y cam nesaf yw chwilio am air sy'n dechrau gyda phob un o'r llythrennau er mwyn creu llinell, e.e.

Haul
A
Fydd

Ymestynnwch hynny i roi llinell gyfan wrth bob llythren a chael rhywbeth tebyg i hyn:

Haul Gorffennaf yn wych;
Awst yn dilyn;
Fydd hwnnw yma'n hir?

Bu rhai yng Nglan-llyn yn llunio penillion gan ddefnyddio enwau adar. Dyma ichi rai yn defnyddio BRÂN a GWCW:

Bore braf ond
Roedd aderyn yn y coed.
Aderyn angau –
Nos oedd ei liw.

Gwelais wennol uwchben
Wedi cyrraedd Cymru'n ôl;
Coed yn deffro;
Waliau o dywydd braf o'n blaenau.

Meddyliwch am enwau sy'n awgrymu'r gwanwyn fel EIRLYS, OEN BACH a DEILEN a cheisiwch chithau lunio penillion ar yr un patrwm.

Yr wyddor ar waith

Mae'n rhaid cael yr hen ffrind y geiriadur ar gyfer y bennod hon. Mae hwnnw'n llyfr difyr a diddorol dros ben ac yn ffefryn mawr gan bawb sy'n chwarae gyda geiriau. Fel y gwyddoch, mae'r holl eiriau sydd ynddo wedi'u rhestru yn ôl eu llythyren gyntaf a hynny yn nhrefn yr wyddor.

Adroddwch yr wyddor Gymraeg – mae honno ar eich cof ers talwm mae'n siŵr. Yn awr, agorwch y geiriadur o dan 'A' a sylwch ar y geiriau sy'n cael eu rhestru yno. Ar ôl pob gair mae llythyren neu gasgliad o lythrennau sy'n dweud sut fath o air ydyw, e.e. a (= ansoddair), bf (berf), eg (enw gwryw-aidd).

Chwilio am ferfenwau y byddwn ni y tro hwn. Mae berfenwau yn eiriau cyffrous iawn – mae llawer o bethau yn digwydd pan fo berfenwau ar waith. Mae llawer o nerth a phŵer a chyffro mewn berfenwau. Chwiliwch am y berfenwau sydd ar dudalennau'r llythyren A yn eich geiriadur chi.

Yr hyn yr ydym yn mynd i'w wneud yw llunio rhestr hi o ferfenwau – un am bob un llythyren sydd yn yr wyddor Gymraeg a gweld sut fath o waith neu weithgaredd sy'n perthyn i bob llythyren. Chwiliwch yn y geiriadur a dywedwch beth mae **A** yn ei wneud:

Mae *a* yn *a*drodd.
Mae *a* yn *a*rchebu.
Mae *a* yn *a*wgrymu.

Mae *b* yn *b*rathu.
Mae *b* yn *b*ochio.
Mae *b* yn *b*ygwth.

Ychwanegwch chithau:

....

....

....

Awn yn ein blaenau fel hyn drwy'r wyddor. Cofiwch mai dim ond berf-enwau sy'n cyfri – mae'n rhaid i rywbeth ddigwydd ym mhob brawddeg.

Ond mae rhai llythrennau sy'n peri

dipyn bach o benbleth yn yr wyddor Gymraeg – llythrennau fel dd, f, ng, th a ph lle nad oes fawr o eiriau yn dechrau gyda nhw yn eu ffurf naturiol. Serch hynny, mae modd dod dros y problemau bach hynny hefyd. Fel hyn:

Dd
Yn hytrach na dilyn y patrwm 'Mae dd yn . . .' rhaid ychwanegu pwt bach fel hyn: 'Mae dd am . . .' Yna dewis gair sy'n rhoi'r sain **Dd** inni i lenwi'r bwlch, e.e.

Mae *dd* am *dd*echrau cyfri.
Mae *dd* am *dd*ringo.
Mae *dd* am *dd*effro Dad.

F
Mae ambell ferfenw yn dechrau ag **F** ond prin ydyn nhw:

Mae *f* yn *f*andaleiddio.

Gallwn dreiglo **b** neu **m** a chreu llinellau:

Mae *f* am *f*ynd i'r ffair.

Ng
Er mwyn cael y sain **Ng** rhaid cael geiryn tebyg i **fy** o flaen y berfenw (a

fydd yn dechrau gydag **C** neu **G**), e.e.

Mae *ng* yn fy *ng*hludo.
Mae *ng* yn fy *ng*heryddu.
Mae *ng* yn fy *ng*alw.

Ph
Drwy ailadrodd berfenw sy'n dechrau gyda **P**, clywir y sain **Ph**:

Mae *ph* yn pigo a *ph*igo.
Mae *ph* yn profi a *ph*rofi.
Mae *ph* yn porthi a *ph*orthi.

Th
Ailadrodd berfenw sy'n dechrau gyda **T** sy'n cynhyrchu'r sain **Th**, e.e.

Mae *th* yn trio a *th*rio.
Mae *th* yn teithio a *th*eithio.
Mae *th* yn tanio a *th*anio.

Ar ôl ichi fynd drwy'r geiriadur unwaith yn penderfynu beth mae pob llythyren yn medru ei wneud, mae'n amser datblygu dipyn bach ar y syniad. Beth am lunio rhestr o ddigwyddiadau sy'n perthyn i'w gilydd?

Er enghraifft, dyma ddewis 'Yn y Syrcas' fel testun. Rhaid i bob llinell gyfleu rhyw ddigwyddiad sy'n dod o fyd y Babell Fawr, y clowns, y band a'r anifeiliaid sy'n perfformio y tro hwn. Gallwch ymestyn hyd eich brawddegau yn ôl y galw.

Yn y Syrcas

Mae **a** yn **a**crobatio.
Mae **b** yn **b**athio'r eliffant.
Mae **c** yn **c**ario cnau i'r mwncis.
Mae **ch** yn **ch**warae efo tân.
Mae **dd** yn dod i **dd**ofi'r llewod.
Mae **e** yn **e**rlid y clowns.
Mae **f** am **f**oli'r perfformwyr i gyd.
Mae **ff** yn **ff**raeo efo'r dorf.
Mae **g** yn **g**wrando ar y band.
Mae **ng** yn fy **ng**hario at y trapîs.
Mae **h** yn **h**ongian ar y rhaff.
Mae **i** yn **i**gam-ogamu rhwng y carafannau.
Mae **j** yn **j**ôcian.
Mae **l** yn **l**abio'r drwm.
Mae **ll** yn **ll**usgo'r offer i'r cylch.
Mae **m** yn **m**eistroli'r beic un olwyn.
Mae **n** yn **n**eidio ar y trampolîn.
Mae **o** yn **o**lynu'r sebras.
Mae **p** yn **p**affio efo'r cangarŵ.
Mae **ph** yn poeni a **ph**oeni am y sioe.
Mae **r** yn **r**wbio blaen trwyn y jiráff.
Mae **rh** yn **rh**eoli'r llewod.
Mae **s** yn **s**adio'r ysgol.
Mae **t** yn **t**eithio drwy'r haf.
Mae **th** yn tynnu a **th**ynnu nes bod y babell i lawr.
Mae **u** yn **u**do yn ei gawell.
Mae **w** yn **w**ynebu perfformiad arall yfory.
Mae **y** yn **y**madael am y dre nesaf.

Ffordd arall o gysylltu llinellau yw rhoi'r un curiad i bob llinell. Dyma wthio'r cwch i'r dŵr fel hyn:

Mae A yn yr aber yn hwylio yn braf.
Mae B yn y bae yn llygad yr haul.
Mae C yn y cwch . . .

Ewch chithau ati i lunio rhestrau yn awr. Gallwch ddefnyddio un neu fwy o'r testunau hyn os dymunwch:

Parti Pen-blwydd
Ar y Fferm
Yn y Lle Chwarae
Y Gêm
Diwrnod yn y Dre
Trip i'r Traeth
Môr-ladron

Mae gen i gariad newydd

Mae'r dasg hon yn debyg iawn i'r un sy'n rhoi'r wyddor ar waith ond y tro hwn mae angen dau air sy'n dechrau gyda'r un llythyren. Mae'r gair cyntaf yn disgrifio sut un yw'r cariad newydd, hynny ydi rydym yn chwilio am **ansoddair** y tro hwn. Mae'r ail air yn enwi'r cariad. Dyma rediad y llinell:

Mae gen i gariad newydd
un.......................o'r enw.......................

Y tro hwn eto, rhaid defnyddio'r geiriadur er mwyn cael dewis da o ansoddeiriau ac er mwyn ein cynorthwyo i lunio rhestr sy'n cynnwys yr holl wyddor, e.e.

un *a*nnwyl o'r enw Anwen
un *b*ach o'r enw Bryn

Mae'n rhaid bod yn ofalus gyda rhai geiriau. Er enghraifft, ni fyddai'n gywir dweud:

un *b*ach o'r enw Brenda

Er hynny, byddai modd dewis ansoddair sy'n dechrau gyda **P** a dweud rhywbeth tebyg i hyn:

un *b*rydferth o'r enw Brenda

Dewiswch eich enwau merched neu enwau bechgyn yn ofalus felly.
Y tro hwn, eto, mae problem gyda rhai llythrennau yn yr wyddor ond dyma syniad neu ddau ar sut i'w trechu:

Dd
Mae'n rhaid i'r llinell hon gynnwys enw merch, felly gellir defnyddio ansoddair sy'n dechrau gyda **D** –

del, doeth, da ac ati.

Yna, yn lle dweud 'o'r enw . . .', rhowch y geiriau hyn: 'yr hen . . .'. Drwy wneud hynny cewch linellau tebyg i hyn:

un *dd*el, yr hen Ddwynwen
un *dd*oeth, yr hen Ddilys

F
Rhaid i hon eto gynnwys enw merch, mae'n fwy na thebyg. O ddewis ansoddair sy'n dechrau gyda **B** neu **M**, medrwch lunio llinellau tebyg i'r rhain:

un *f*er o'r enw Falmai
un *f*awr o'r enw Fiolet

Ng
Bydd defnyddio'r geiryn **fy** o flaen yr ansoddair ac o flaen yr enw yn cynhyrchu'r sain **Ng** unwaith eto:

fy nghynhesaf i gyd, fy Nghadwaladr
fy ngorau i gyd, fy Ngaenor

Ph a Th
Drwy ddefnyddio'r geiriadur neu'r thesawrws gallwch daro ar ddau ansoddair sy'n debyg i'w gilydd o ran ystyr ac yna defnyddio'r ddau i gynhyrchu'r sain briodol:

un hardd a *th*lws o'r enw Thelma
un cryf a *ph*raff o'r enw Pharo

Hyd yn hyn, rydym wedi defnyddio ansoddeiriau dymunol iawn wrth ddisgrifio'r cariadon – annwyl, prydferth, del, doeth, da, cynnes,

Mae gen i gariad newydd . . .

un *a*flonydd o'r enw Alan,
un *b*udr o'r enw Brython,
un *d*wl o'r enw Daniel,
un *dd*anheddog, yr hen Ddeiana,
un *e*rchyll o'r enw Ednyfed,
un *f*oel o'r enw Fictoria,
un *ff*ôl o'r enw Ffowc,
un *g*wancus o'r enw Gwallter,
fy *ng*hasaf i gyd, fy Nghynddylan,
un *h*unanol o'r enw Hannah,
un *i*onclyd o'r enw Idwal,
un *j*anglus o'r enw Jên,
un *l*ympiog o'r enw Lara,
un *ll*wyd o'r enw Llew,
un *m*arwaidd o'r enw Maldwyn,
un *n*erfus o'r enw Neli,
un *o*fergoelus o'r enw Obadeia,
un *p*enstiff o'r enw Penelope,
un plagus a *ph*oenus o'r enw Phylip,
un *r*eglyd o'r enw Rowena,
un *rh*yfedd o'r enw Rheinallt,
un *s*wnllyd o'r enw Seimon,
un *t*wp o'r enw Timothy,
un tew a *th*rwchus o'r enw Theodor
un *u*ndonog o'r enw Ursulla,
un *w*ylofus o'r enw Wendi,
un *y*nfyd o'r enw Ynyr.

hardd, tlws, cryf a phraff. Mae'n llawer
mwy o sbort defnyddio ansoddeiriau
sydd heb fod mor ddelfrydol! Peidiwch
ag ofni creu geiriau newydd.

Sŵn sy'n rhoi syniad

Weithiau mae geiriau yn medru cynnig eu hystyr inni wrth inni wrando ar ein lleisiau yn eu hynganu nhw. Hynny ydi, mae eu sŵn nhw'n rhoi syniad inni o'r hyn maen nhw'n ei ddweud.

Gwrandewch ar sŵn y geiriau hyn:

clic, braf, rhigian, hisian, swta, gwyllt, hyll, mwmian, plop, crawc, clec, smic, slei, suo, siw na miw, dracht, gwanc, gwich, gwrach, rhochian, sisial, stwnsh, cosi, shŵ, sgiat, blith-draphlith, grwgnach.

Mae rhywbeth yn y seiniau hynny sy'n awgrymu'r ystyr. Mae'r llythrennau'n ceisio dynwared yr effaith neu'r teimlad a cheisio awgrymu'r gair drwy gyfrwng y glust. Yn y geiriau hyn, mae'r llais yn tynnu lluniau.

Mewn gwirionedd, mae pob enw a phob gair wedi eu creu o gyfuniad gwahanol o seiniau, ac mae i bob sŵn rhyw ystyr naturiol sy'n cyffwrdd â'n calonnau. Fel cân aderyn, gall seiniau pobol hefyd fod weithiau'n drist, weithiau'n llon; weithiau'n doriad gwawr ac weithiau'n fachlud haul.

Cyn dysgu darllen, mae'n rhaid dysgu'r wyddor. Adnabod siâp y llythrennau ar y papur sy'n ein galluogi ni i fedru clywed y gair. Ond roedd ein clustiau ni yn clywed y sŵn ymhell cyn i'r llygaid ddysgu adnabod y siâp.

Sut luniau sydd i'r seiniau hynny tybed? Gadewch inni wrando unwaith eto ar sŵn yr wyddor Gymraeg. Ceisiwch chithau ychwanegu at y rhestr geiriau sy'n cyfleu'r sŵn a meddyliwch am lun sy'n dangos ystyr y sŵn. Mae cyfle ichi ddefnyddio'r **Geiriadur** gyda'r tasgau hyn.

Mae'r sain **A** mewn **awyren, awyr, angylion, asbri, aderyn, adenydd ac alarch**. Mae **Aaaa** yn mynd â ni i fyny, yn **agor** ein llygaid, yn codi'r **aeliau**. Mae'r sain i'w glywed wrth **adnabod**, cael **awydd**, cael **awch** ac mae'n amlwg mewn **adfer, adeilad, addurno, afiaith, annwyl** ac **ardderchog**.

Ychwanegwch

....
....
....

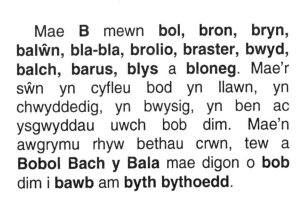

Mae **B** mewn **bol, bron, bryn, balŵn, bla-bla, brolio, braster, bwyd, balch, barus, blys** a **bloneg**. Mae'r sŵn yn cyfleu bod yn llawn, yn chwyddedig, yn bwysig, yn ben ac ysgwyddau uwch bob dim. Mae'n awgrymu rhyw bethau crwn, tew a **Bobol Bach y Bala** mae digon o **bob** dim i **bawb** am **byth bythoedd**.

Ychwanegwch

....
....
....

Mae **C** mewn **calon, canol, crud, cysur, cydymdeimlo, cusanu, cysgu, cartref**. Mae sicrwydd ac mae **cryfder** yma; **craig, carreg, canllaw, castell** . .

Ychwanegwch

....

....

....

Mae dwy olwg ar y llythyren **D**. Mae yno mewn **da-da**, mewn **dyn, dynes, Duw, dewin, dewr, doeth, dŵr, dyddio, deall, dedwydd** a **dawn**. Yr holl bethau **da** hynny. Ond mae hi hefyd mewn **drwg** – yn arbennig wrth gydio **d+r** gyda'i gilydd neu gydio **d+i** gyda'i gilydd: **drycin, dryllio, dryslyd, dial, diwedd, diog, dichell, di-drefn, didostur, difa, digalon** a **dinistrio**.

Ychwanegwch

....

....

....

Mae **Ch** yn **chwifio** yn y **chwa**, mae'n **chwerthin** ond hefyd yn **chwerw** ac yn **chwyrnu**, yn **chwareus** eto fel **chwip** ac weithiau'n **chwim**, yn **chwit-chwat**, yn **chwithig** ac yn cael rhyw **chwiw** fel **chwrligwgan** yn ei ben.

Ychwanegwch

....

....

....

Mae **meddalwch** yn y sain **Dd**. Mae'n **toddi** ar y tafod, yn **boddi, suddo, cuddio** a **gogwyddo**. Mae mewn **ddoe** a **heddiw** hefyd ac yma o **ddydd i ddydd** fel **breuddwyd**, yn **heneiddio**, eto'n medru **addo** ac **arwyddo** y bydd yna **lwyddo**.

Ychwanegwch

....

....

....

Mae **E** yn **effro**, yn **eiddgar, eofn** ac **eang**. Mae mewn **eirlys, egin** ac **enfys**; yn **ewyllysio**, yn **estyn**, yn **ennill**, yn **eglur**, yn **edrych** ac yn **edmygu**.

Ychwanegwch

....
....
....

Mae **Ff** yn **ffri** ac yn llawn **ffwlbri, ffraethineb, ffresni** a **ffantasi**. Mae'n mynd **ar ffrwst ar ffrwst i'r ffair**, yn **hoffi ffasiwn**, yn **ffoli**, yn llawn **ffwdan**, yn **fflachio** a chanu'r **ffliwt**.

Ychwanegwch

....
....
....

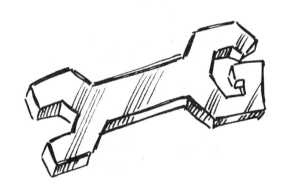

Mae **F** yn **fyw** ac yn **fywiog**, ar **fynd** o hyd, yn edrych ymlaen at **fory** ac yn **fala, fala filoedd**.

Ond weithiau, yn arbennig wrth gydio **f+i**, mae rhyw flas cas arni – mae hi'n **filain**, yn **finiog**, yn **fingam**, yn **fi-fawr** ac yn **fi, fi, fi** o hyd.

Ychwanegwch

....
....
....

Mae **G** yn **gafael**. **Gy** mae'n oer, **gwae** ni, mae'r **gwynt** yn **gyrru** a'r **gaeaf garw, gerwin** wedi **goresgyn** y **garth**. Mae hi mewn **gwaedd, gofid, gwacter, gwaeledd, gwahanu** a **gwayw. Gwared y Gwiron!**

Eto, wrth gydio **g+l**, ceir sain dawelach – **glasu, glaswellt, glân, glin, glöyn, gloyw, goleuo** a **golygus**.

Ychwanegwch

....
....
....

Mae **Ng** yn sownd yng **ngwddw** rhywun. Mae hi mewn **angau, ing, angen, ynghanol, ynghau, tyngu, gwingo, anghysbell, damsang** a **sangu**.

Ychwanegwch

....

....

....

Mae **I** mewn **ias**, yn **iasoer**, yn gwneud i'r galon suddo'n **is** ac **is**. Mae i'w chlywed yn **crio** ac mewn **gwich, crin, dig** a **di-hid**.

Ychwanegwch

....

....

....

Mae **H** yn **hapus**, yn **ho, ho, ho** a **ha, ha** ac yn llond ei **hwyliau** ac yn **hoff** o **hiwmor**. Mae bob amser yn **hyrwyddo**, yn **hynaws** a **hyderus**, yn **hedeg** yn **hawdd hefyd** ac yn **hofran** yn yr **hindda**. Mae yn yr **haf hirfelyn, heulog, hudolus**, yn **heini**, yn llawn **hadau** ac yn **hael**.

Ychwanegwch

....

....

....

Mae **J** yn **hoffi** mynd i bartis – a chael digon o **jam** a **jeli**. **Jiw, jiw** mae hi'n un **joli**, yn **jeifio** a **jogio** i fiwsig y disg-**joci** a **jigio** i sŵn y **jazz**. Mae wrth ei bodd yn cael **jangl** neu glywed **jôc** a chynnal **jamborî** neu **jiwbilî**.

Ychwanegwch

....

....

....

Mae **L** yn hoff o **lolian** ar y **lawnt** neu **loetran** ar **lan** y môr, canu **si-lwli, lwli-lei** a mynd **linc-di-lonc** ar y **lôn** i **Lanelwy**. Does ryfedd ei bod hi weithiau'n cael ei chysylltu â hen **lo** gwirion, rhyw hen **lemon-lob-lari-lembo** o **labwst di-lun**.

Ychwanegwch

....
....
....

Mae **M** i **mewn** ym **mreichiau** a **mynwes Mam**. Mae'i **meddalwch** hi amdanom ni yma ac mae'n **magu'i meibion** a'i **merched mwyn** ac yn **mwmian** rhywbeth **melys** wrth roi **maldod** a **mwythau**. Mae **M** mewn **maeth, malio, mantell, mawl, Mai, meddal, menyw** a'r **meddygon mwyn ym Myddfai**.

Ychwanegwch

....
....
....

Mae **Ll** mewn **cyllell** ac fel mae **llafn** honno yn medru **llwyddo** i greu rhywbeth **lluniaidd** yn **llaw** rhywun **llachar, lliwgar**, mae hi hefyd yn medru **lladd, llarpio**, creu **llanast** yn **llidiog** a **lloerig**.

Ychwanegwch

....
....
....

Mae **N** yn cael ei dal yn hir ar un o'r seiniau cyntaf rydan ni'n eu clywed pan rydan ni'n fabanod – **nnnn . . . na!** Mae'r sain yn cael ei chau i mewn yn y pen a'r trwyn ac mae cyhyrau'r wyneb yn dynn wrth ei hynganu hi. Dim rhyfedd felly ei bod hi mewn geiriau fel **nonsens, niwsans, nionyn, nogio, nadu, nychu, nerfus, nam, neb, niwed, niwl** a **nos**.

Ychwanegwch

....
....
....

Mae'r geg wrth ynganu'r sain **O** yn gron fel **olwyn**. Mae'r sain yn llenwi'r holl le – mae'n amlwg yn y **môr**, mewn **eco, helô, ochenaid** ac **ofnadwy**.

Ychwanegwch

....

....

....

Pan fo **Ph** i'w chlywed, nid bwrw glaw mae hi ond bwrw a **phistyllio** glaw drwy'r dydd. Mae ganddi wyneb llaes, mae'n llawn diflastod a **phoen** a **phryder** a **phicil**, o dan y don a **phwysau'r** byd yn ei gwneud yn drist a **phrudd**. Mae'n cilio a **phylu** a rhwng y tywydd a **phawb** a **phopeth** mae hi mewn dipyn o dwll a **phydew** lle mae'n dywyll a **phygddu**. Mae'n gofyn: 'a **pha** beth a wnaf, a **phwy** ddaw i'm helpu a **phryd** fydd hynny?'

Ychwanegwch

....

....

....

Mae **P** mewn **pastwn**. Mae'n **pwnio**, yn **parêdio**, yn **poeri, pardduo, paffio** ac yn llawn **pŵer**. Mae'n sefyll yn syth fel **polyn, pigyn, piler, picell, palas**. Hwn yw'r **perchennog pendant**, y **pennaeth pengaled**, y **paun penuchel** a'r **pendefig pwysig, piwis**. Mae'n dweud **pŵ-pŵ** wrth bawb arall ond mae'n **pwdu** os nad yw'n cael **parch**.

Ychwanegwch

....

....

....

Mae **R** yn **rowlio rownd a rownd**, yn cadw **reiat**, yn mynd ar **ras. Ribidires, ribidires**, i mewn **i'r arch** â nhw. **Brr-brr; brr-brr** yw sain y ffôn ac mae'r syniad o **rynnu** a **chrynu** yn perthyn iddi hefyd – **brr, rargol mae'r iâ a'r eira'n oer ar Eryri rŵan**.

Ychwanegwch

....

....

....

Os yw **R** yn rowlio, mae **Rh** yn **rhedeg**. Mae hi'n **rhydd** a **rhwydd** fel **rhaeadr** sy'n **rhuthro** yn **rhyfeddod**, llawn **rhyferthwy**. Mae **rhythm** ynddi, mae hi weithiau'n **rhestr** hir, yn **rheng** ar ôl **rheng** yn **rhodio'r rhiw** yn **rhifo'r rhododendrons** ar y **rhos**. Mae'n **rhaffu** straeon, yn **rhincian** dannedd ac yn **rhybuddio'n rhugl**.

Ychwanegwch

....
....
....

Mae **S** mewn **sarff**, ac yn fwy na hynny mae **siâp sgrifenedig** y llythyren yn **strywgar, seimllyd** a **soeglyd**. Mae yna **sgîl-effeithiau slei** yn perthyn iddi – gall fod yn **sŵ, sarrug, sbeitlyd, segur, seithug** a **swnllyd**. Mae **swyn** yn perthyn i'r **sarff** hefyd – gall **syfrdanu**, rhoi **sioc, synnu, syrffedu** a chreu **siom**. Rydan ni'n cael ein **siarsio** rhagddi, gan ei bod yn **slebog, sopen, slwt** a **snob**.

Ychwanegwch

....
....
....

Mae **T** mewn **titw tomos**. Mae'n ysgafn ac i'w chlywed mewn **Tw-rymdi-ro, Tidyls Twm** y gath a'r **Tylwyth Teg**. Mae sain **twt-twt tewch da chi** tra'n **twymo** o flaen y **tân** yn **Ty'n Twll** ynddi, neu sain **tincial tlws tannau telyn**. Mae'n sain sy'n **ticlo**, yn **twit-twitian**, yn **tacluso'r tatws**, yn **tapio tun**, yn **tiwnio gitâr**, yn **tolcio Toyota** a dweud mai un **twp wyt ti**. Ac wrth adael **tŷ** y **teulu**, mae'n dweud **ta-ta tan toc**.

Ond wrth gyfuno **t+r** mae'r sain yn **troi** i greu **trwst**. Mae **trais, tric, tranc** i'w glywed – ceir **trosedd, trachwant, trafnidiaeth, trechu** a hefyd, **trachwant**.

Ychwanegwch

....
....
....

Mae **Th** mewn **cath**. Mae **Th** yn **chwythu** a **thynnu** a **brathu** a **thuchan**. Mae storm a **thymestl** a **thywallt** y glaw a **thywydd** mawr a **thymor** oer a **thywyllwch** ac **eithin** a **chythru** yn perthyn iddi.

Ychwanegwch

....
....
....

Mae **W** yn **wlyb**, yng nghanol **dŵr** a **chwrw** a **chwmwl**, mae'n **wan**, yn **wishi-woshi**, yn **welw**, yn **wlithog**, yn **wybedyn**, yn **wylaidd** ac yn **wobli weithiau**. Mae'i sŵn i'w glywed fel **cŵn** drwg yn cadw **twrw** ymhell i **ffwrdd**, neu **wynt** yn **wylo** yn yr **wybren**. Mae'n gallu **wfftio** hefyd a dweud '**Wel, wel, wir**' a gall fod yn **iahŵ** a llawn **hylibalŵ** a hyd yn oed **gwdihŵ**.

Ychwanegwch

....
....
....

Mae sain hir i'r llythyren **U** – mae i'w chlywed mewn **rhu, buwch, utgorn, udo, ubain** ac yn yr **ucheldir** pan fo'r **lluwch** fel **uwd** o'n cwmpas. Gall fod yn **undonog**, yn **ddu ulw**, yn **unig** ac yn **uthr**. Ond **ust**, mae hi bron â bod yn **fud** hefyd.

Ychwanegwch

....
....
....

Mae **Y** yn yr **ysbryd** sy'n rhoi **ysgytwad** inni ac yn yr **ystlum** sy'n **ystwyrian** yn **ymyl**, **ysywaeth**. Mae'n perthyn i bob **ystryw** sy'n ein gwneud yn **ynfyd**. **Yyy!** mae hi'n medru bod yn **ych-pych, ych-a-fi!**

Ychwanegwch

....
....
....

Dewis geiriau yn ofalus

1. Ewch yn ôl at un o'r llythrennau hyn a chan ddefnyddio'r casgliad o enwau, ceisiwch lunio brawddeg hir sy'n cynnwys cymaint ag y medrwch o'r geiriau hyn.
2. Trowch at y llythyren **P** a thynnwch lun cymaint o bethau ag sy'n bosibl sy'n awgrymu safiad syth, pendant, e.e. polyn, pelydryn, pinacl, pinwydd ac yn y blaen. Ydych chi'n sylwi bod siâp tebyg i bob un ohonyn nhw?
3. Mae rhai ansoddeiriau ar un olwg yn perthyn i'r un dosbarth o ran ystyr, e.e.

prydferth, hardd, glân, teg, pert, tlws, mwyn, gwych, da, hyfryd, rhagorol, pur, dymunol, iach

Eto, mae'r ansoddeiriau hyn yn addas i ddisgrifio rhai geiriau ond nid mor addas i ddisgrifio mathau eraill o eiriau. Gwrandewch ar eu seiniau. Meddyliwch am y **maswr** ar y cae rygbi. Rhaid iddo gael dwylo **da** – fyddai dwylo **glân** fawr o wahaniaeth iddo. Rhaid iddo fedru cicio yn **rhagorol** (nid yn **hardd** nac yn **fwyn**). Os oes ganddo ddawn ochr-gamu pwrpasol, dawn i roi pwysau ar y tîm arall, sgorio pwyntiau, pasio'n effeithiol ac os yw'n medru perfformio yn llawn pendantrwydd, rydan ni'n dweud ei fod yn faswr **pert** (nid **tlws, pur** na **dymunol**).

Pa rai o'r ansoddeiriau uchod sy'n addas i ddisgrifio'r enwau canlynol a pha rai sydd ddim yn addas?

adeilad, Nadolig, tymer, tywydd, chwaraewr, cerdyn, babi, blodyn, golygfa, dŵr, merch, newyddion, blas, canlyniad, gwaith, cymydog, llechwedd, croen

4. Gan ddefnyddio'r un rhestr o enwau sydd ar ddiwedd tasg 3, ystyriwch pa rai sy'n addas i'w disgrifio gan yr ansoddeiriau hyn:

cas, sbeitlyd, drwg, cenfigennus, gwael, afiach, blin, budur, hyll, annymunol, sâl, llygredig

5. Ystyriwch yr enwau canlynol:

merch, ystafell, ysgrifen, gwallt, moddion, cae, dillad, patrwm

Pa ansoddeiriau o blith y ddau ddosbarth a ganlyn sy'n addas i ddisgrifio pob un ohonynt?

i) medrus, galluog, llesol, trefnus, cymen, twt, gofalus, destlus.

ii) carbwl, blêr, di-drefn, anniben, esgeulus, diwerth, analluog.

Enwi'r cawr

Rydan ni i gyd wrth ein boddau gydag enwau hirion, cymhleth sy'n swnio'n gynhyrfus. Does ryfedd fod deinosoriaid yn apelio atom – mae eu henwau mor wahanol, mor wych ac mor anhygoel o hirion. Dyna ichi lond ceg go iawn yw enwau fel:

Tyrannosaurus Rex, Diplodocus, Triceratops

Fedrwch chi enwi rhagor tybed?

Mae yna werth a grym a blas ar enwau tebyg i'r rheiny. Pa eiriau eraill rydych chi'n hoff o'u hynganu? Dim ots o gwbwl am eu hystyron nhw – efallai mai geiriau o iaith dramor ydyn nhw. Ynganwch eich hoff eiriau yn uchel. Mae rhyw wefr a rhyddhad i'w gael o'u perfformio yn does? Ysgrifennwch y deg gair rydych chi'n eu mwynhau fwyaf yn y gofod hwn:

....

....

....

....

Efallai bod rhai ohonoch wedi dewis enwau chwedlonol neu enwau sy'n perthyn i leoedd arbennig. Dyna ichi enwau cewri er enghraifft – mae sŵn da ar rai o'r rheiny yn y Gymraeg yn does? Meddyliwch am Bendigeidfran Fawr neu Ysbaddaden Bencawr! Mae cewri eraill a llawer ohonynt yn perthyn i chwedlau am fynyddoedd – Rita Gawr (ar yr Wyddfa), Idris (Cadair Idris), Ifan Goch (Cadair Ifan Goch) a Bronwen (Cadair Fronwen).

Y dasg yn y bennod hon fydd creu enwau newydd ar gewri yn y Gymraeg. Ond sut mae mynd ati i wneud y fath beth?

Yr hyn sydd rhaid ei wneud yn gyntaf yw casglu geiriau sy'n perthyn i fyd y cawr. Er mwyn gwneud hynny rhaid cael gafael ar eiriadur Cymraeg, sy'n rhestru geiriau a rhoi eu hystyron inni a hefyd cael copi o'r Thesawrws Cymraeg. Yn y Thesawrws cawn restrau o eiriau sy'n agos iawn at yr un ystyr.

Er enghraifft, os edrychwn o dan yr enw **cryfder** cawn y rhestr hon:

nerth, pŵer, gallu, grym, grymuster, cryfdwr, cadernid

Ac os edrychwn o dan yr ansoddair **creulon**, cawn y rhestr hon:

anfad, echrydus, milain, ffyrnig, anwar, erchyll, ysgeler

Byddai'n werthfawr dosbarthu'r geiriau yn ôl eu hystyron. Mae rhai geiriau yn enwi pethau sy'n perthyn i fyd y cawr. **Enwau** yw'r rhain. Mae geiriau eraill yn disgrifio'r cawr. **Ansoddeiriau** yw'r rhain. Mae geiriau eraill yn disgrifio'r hyn mae'r cawr yn ei wneud. **Berfenwau** yw'r rhain.

Ceisiwch gasglu cymaint ag y medrwch o wahanol eiriau yn y tri dosbarth hwnnw. Cofiwch fod sŵn a blas y geiriau yn bwysig – rhaid iddyn nhw awgrymu anferthedd, anhrefnus-rwydd, anhygoeledd ac anghenfileidd-dra y creadur dychrynllyd hwn. Dyma gychwyn ichi:

Enwau
erchylltra, llanast, cadernid, terfysg, annibendod, hwlcyn, ergyd, pastwn, barbareiddiwch, gelyn, cynddaredd, taran, llabwst, tryblith, blerwch, dryswch, anhrefn, trechwr, trais, gofid, gorthrwm, ofn, dychryn, concwerwr, grymuster, nerth, hylltod,

....
....
....
....

Ansoddeiriau
ffyrnig, gwyllt, mawr, anferth, anhygoel, cadarn, cyhyrog, blewog, brwnt, blin, creulon, anfad, echrydus, milain, anwar, ysgeler, llacsog, cuchiog, trafferthus, plagus, eithafol,

....
....
....
....

Berfenwau
llethu, gormesu, gorfodi, sangu, chwalu, dirmygu, gwatwar, melltithio, curo, maeddu, dinistrio, gorchfygu, brawychu, difetha, niweidio, amddifadu, dwyn, difa,

....
....
....
....

Mae angen un adran arall arnom cyn cychwyn creu enwau i'r cewri dychmygol, a'r adran honno yw'r terfyniad. Meddyliwch am ddiwedd enwau bechgyn yn bennaf a'u hychwanegu at y rhestr hon.

Terfyniad
–in, –yn, –fryn, –der, –ydd, –wyn, –ir –en, –dan, –allt, –aint, –wch, –ig,

....
....
....
....

Dyna ni'n barod! Y dull gorau o fynd ati yw creu enw sy'n eich hatgoffa o enwau eraill sy'n gysylltiedig â byd y cawr. Gan fod rhai o'r geiriau hyn yn hir, ni fedrwn ond cymryd rhan fechan o un gair a'i gydio wrth ran fechan o air arall. Yr enw ar ran fechan o air yw **sillaf**.

Os mynnwch, gallwch fynd yn grwpiau o bedwar. Yna mynd ati i dorri darnau o bapur yn stribedi hirion. Bydd y disgybl cyntaf yn sgwennu'r sillaf cyntaf ar ben y stribyn ac yna yn ei blygu yn ôl fel hyn:

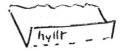

Yna, bydd yn ei basio ymlaen i'r nesaf yn y grŵp. Ni fydd hwnnw yn edrych ar yr hyn sydd wedi ei sgwennu eisoes, bydd yn ychwanegu ei sillaf ei hun, yn plygu'r papur drachefn ac yna yn ei basio ymlaen. Ar ôl i bawb orffen, bydd rhywun yn agor y papurau a chewch weld sut fath o enwau fydd wedi cael eu creu. Mae'n siŵr y bydd rhai ohonynt yn amhosibl i'w hynganu!

Mae gennym bedair rhestr, felly awn ati i ddewis sillaf o bob un fel hyn:

enw + ansoddair + berf + terfyniad, e.e.

sillaf o'r enw erchylltra	= **ERCH**
sillaf o'r ansoddair anfad	= **FAD**
sillaf o'r ferfenw dinistrio	= **ISTR**
sillaf yn derfyniad	= **IG**

Rhowch y cyfan at ei gilydd a dyna ichi glamp o enw: Erchfadistrig. Fuasech chi'n hoffi cyfarfod cawr o'r

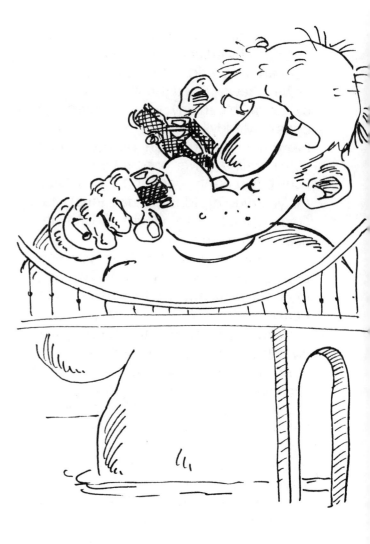

enw hwnnw ar y mynydd unig ar noson dywyll? Na finnau, chwaith.

Weithiau, gallwch ychwanegu gair byr ar ôl yr enw i roi rhyw orffeniad i'r cyfan, yr un fath â Tyrannosaurus Rex. Dyma ichi enwau llawn rhai cewri eraill:

Ffyrnllewfygallt Fawr
Traffycharnid Drwm
Gwatreulwntwast Gawr
Hyllblagethwyn Hir

Ewch chithau ati yn awr!

Enw	Ansoddair	Berf	Terfyniad		
....	....	....	....	=	....
....	....	....	....	=	....
....	....	....	....	=	....
....	....	....	....	=	....
....	....	....	....	=	....

Mae modd defnyddio'r un dull i enwi corachod. Lluniwch restrau o enwau, ansoddeiriau a berfau eto sy'n perthyn i fyd y corrach ac ewch ati yn yr un modd i greu enwau newydd, gan ychwanegu terfyniad atynt fel o'r blaen. Mae'n hwyl meddwl am greaduriaid mor fychan gydag enwau mor fawr!

Beth am enwau merched chwedlonol? Ewch ati i greu enwau i wrachod hyll a thywysogesau hardd, i dylwythen deg ac i wraig y cawr.

Yn y chwedl 'Culhwch ac Olwen', mae cymeriad o'r enw Sgilti Sgafndroed oedd mor ysgafn â phluen, yn rhedwr cyflym ond a oedd mor ysgafndroed nes na fyddai'r un gwelltyn yn plygu o dan ei draed. Yn yr un stori, mae dau arall o farchogion Arthur yn dwyn yr enwau Nerth fab Cadarn a Gwion Llygad Cath. Pa nodweddion sy'n perthyn i'r rhain, dybiwch chi?

Ewch ati i greu enwau addas ar gyfer cymeriadau chwedlonol sy'n dwyn yr ail enwau a ganlyn

....Dew
....Fain
....Gryf
....Wan
....Fuan
....Araf

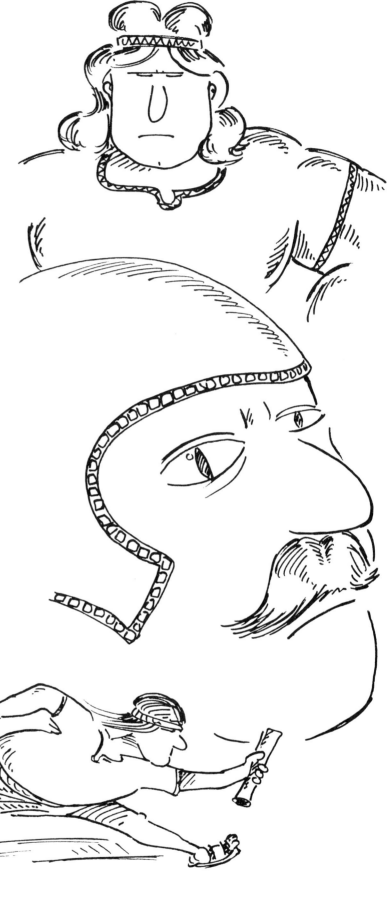

RHYTHM

Cerdd a cherdded

Mae'n rhaid i mi gyfaddef un peth wrthych chi. Y gwir ydi nad oedd gen i fawr iawn o amynedd gyda'r busnes barddoni yma pan oeddwn i'n iau. Yn anffodus, roeddwn i'n cysylltu barddoniaeth gyda dysgu geiriau ar fy nghof a'u hadrodd, neu eu llefaru, yn gyhoeddus. Ar wahân i fod yn nerfus o flaen cynulleidfa, yr hyn roeddwn i'n ei gasáu fwyaf am y busnes adrodd yna oedd y dillad roeddwn i'n gorfod eu gwisgo.

Mi fedraf weld fy llun y munud yma – cardigan wlân lliw mwstard hyll a chlamp o fotymau fel caeadau bun i lawr ei thu blaen hi. Y rheiny o liw siocled tywyll afiach a phatrwm cefn crwban arnyn nhw. O dan honno roedd yna grys oren llachar yr oedd angen sbectol haul i edrych arno; tei-bô coch, trowsus llaes oedd yn rwbio'n dynn yn erbyn blew fy nghoesau i ond ddim cweit yn cyrraedd fy sanau i ac wedyn pâr o sgidiau'n sgleinio ac yn gwichian wrth imi gerdded. Mi roeddwn i'n edrych fel fflamingo ar ei ffordd i barti gwisg ffansi.

Roeddwn i'n meddwl cymaint am y boen o wisgo'r dillad erchyll yma nes y byddwn yn methu â chanolbwyntio ar fy ngeiriau a'r diwedd fyddai ei bod hi'n mynd yn nos arnaf. Mi fyddwn yn anghofio fy ngeiriau a chochi ac yn ysu am i'r llwyfan fy llyncu. Na, doeddwn i fawr o ffrindiau gyda'r busnes adrodd neu lefaru, beth bynnag y galwch chi o, ac oherwydd hynny, doedd barddoniaeth ddim yn beth uchel iawn gen i chwaith.

Flynyddoedd yn ddiweddarach, mi sgwennais gerdd am y profiadau hyn.

Dwi'm isio adrodd na llefaru

Dwi'm isio dal fy mhen yn gam
Fel 'tae o'n sownd mewn potyn jam.

Dwi'm isio gwneud rhyw lygaid llo
Na cheg cwningen wrth ddweud 'O!'

Dwi'm isio troi un glust yn ôl
Na nodio 'nhalcen heb gontrôl
Na bloeddio fel 'tawn isio bwyd
Na sgriwio 'nhrwyn fel wiwer lwyd.

Mae tynnu stumiau'n ddiawch o strach:
Weithiau'n **'FAWR'** ac yna'n 'fach';
Weithiau'n drist fel sbaniel brown
Ac yna'n boncyrs 'run fath â chlown.

Dwi'm isio mynd fel dwn-i'm-be
Wrth weiddi 'Dacw!' dros y lle
Na gwneud y saib henffasiwn gynt
Wrth ddweud 'Ac wedyn . . . ' (yna gwynt).

Dwi'm isio sefyll fel pengwin syth
Na fflapio fel cyw yn gadael nyth
Na thynnu wyneb tsimpansî
Bob yn ail air a ddweda' i.

Dwi'm isio crib drwy 'ngwallt i chwaith
Na bod mewn rhagbrawf erbyn saith.

Adrodd neu lefaru, beth bynnag y bo,
Dwi'm isio gwneud a dyna fo.

Mae yna un peth newydd fy nharo i. Ydi hi ddim yn beth od, dwedwch, ein bod ni'n galw darn o farddoniaeth yn *gerdd?* Cerdd, wedi'r cyfan, ydi'r hyn sy'n digwydd yn y gwersi cerddoriaeth – miwsig drwy gyfrwng offerynnau neu leisiau.

Ond arhoswch funud. Mae rhywun yn dod i lawr y coridor yn bwyllog. Beth mae o yn ei wneud. Mae o'n cerdded. *Cerdd*-ed. Y gair *cerdd* yna eto.

Pam rydan ni'n defnyddio yr un gair wrth sôn am farddoniaeth a miwsig a ffordd o symud? Beth ydi'r cysylltiad? Oes yna unrhyw beth yn gyffredin rhwng y tri?

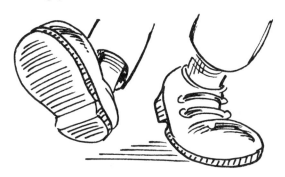

Beth sy'n digwydd pan rydan ni'n cerdded? Rydan ni'n symud, wrth gwrs – symud ein traed. Ond mae mwy na dim ond y traed yn symud. Mae'r corff yn symud hefyd a'r breichiau'n siglo. Mae'r cerddediad yn amrywio – weithiau yn sionc a bywiog ac ysgafndroed, fel plant ar y ffordd adref o'r ysgol; weithiau'n araf a phwyllog a thrist fel hen, hen bobl; weithiau'n sgwâr ac yn sydyn fel milwr yn martsio; weithiau'n fân ac yn fuan fel rhywun prysur ar y ffordd i siopa; weithiau'n ara' deg a hamddenol fel plant ar y ffordd i'r ysgol.

Cerddwch fel plismon; cerddwch fel cawr; cerddwch fel un o'r tylwyth teg. Ydach chi'n gweld yr hyn sydd gen i?

Mae cerddediad pob un ohonom ni yn adlewyrchu'r byd o'n cwmpas hefyd. Cerddwch fel petaech yn wynebu gwynt nerthol; cerddwch fel petai'n arllwys y glaw; cerddwch fel petai'r haul yn tywynnu. Welwch chi sut rydan ni'n addasu'n cyrff ac yn newid ein cerddediad er mwyn addasu i'r hyn sydd y tu allan ac o'n cwmpas ni?

Ond yn fwy na hynny, mae yr hyn sydd y tu mewn inni yn effeithio ar ein cerddediad hefyd. Cerddwch fel petaech yn hapus; cerddwch fel petaech wedi blino; cerddwch yn llawn cyffro ar y ffordd i wylio gêm neu weld ffilm dda yn y sinema; cerddwch fel petaech yn drist. Ydi, mae'r cerddediad yn dangos ein teimladau, yn mynegi ein hysbryd, yn ffordd o ddod â'r hyn sydd y tu mewn inni allan ohonom.

Welwch chi debygrwydd rhwng cerdd, cerddoriaeth a cherdded bellach?

Oes, mae **rhythm** arbennig mewn cerddediad. Bît, curiad, tempo. Weithiau'n gyflym, weithiau'n araf; gwahanol gerddediad i gyfleu pob math o wahanol deimladau.

Mae'r un peth yn wir gyda cherddoriaeth hefyd, yntydi? Mi gewch ganeuon hapus, sionc; mae yna rai yn ddistawach, fel hwiangerddi; mae ambell gân yn drist hefyd. Bob tro mae rhythm y gân yn cyfleu'r teimlad sydd ynddi.

Yn yr un modd, mae rhythm mewn darn o farddoniaeth yn ogystal. Mae cerdd yn gorfod cerdded – yn wir, yn y cerdded y mae'r gerdd.

Heno, heno

Rydych i gyd yn gyfarwydd â'r hwiangerdd hon. Mae hi wedi ein gyrru i gysgu pan oeddem ni'n iau ac efallai eich bod chithau yn awr yn ei llafarganu wrth fabi bach newydd yn eich teulu. Gwrandewch ar y sigl sy'n y llinellau:

Heno, heno, hen blant bach;
Heno, heno, hen blant bach;
**   Dime, dime, dime, hen blant bach;**
**   Dime, dime, dime, hen blant bach.**

Rwy'n siŵr eich bod yn cofio'r amrywiadau – gwely, gwely a fory, fory. Mae'r rhythm yn awgrymu siglo babi yn eich breichiau neu ar ei gadair siglo yntydi? Hwian y bychan i gysgu ydi diben y gerdd.

Wrth dyfu'n hŷn, does neb yn canu hwiangerddi inni. Eto, mi fyddwn ninnau o dro i dro yn ei chael hi'n anodd i gysgu, yn byddwn? Ar adegau felly, mi fyddwn yn clywed swn yn y nos. Pa swn glywch chi o'ch llofft pan fyddwch yn gorwedd yn nhrymder nos ac yn methu â chysgu?

Swn nant neu afon.
Swn traffig.
Swn y gwynt yng nghanghennau'r coed.
Swn teledu neu sgwrsio ym mhen arall y tŷ.
Swn cloc yn tipian.
Swn peiriant llong neu olwynion y trên os ydych yn digwydd bod yn teithio ar y pryd.
Swn tonnau'r môr yn torri yn y pellter.

Rwy'n siŵr y medrwch ychwanegu at y rhestr hon.
Swn..
....
....
....

Mae rhythm a sigl arbennig i bob un o'r synau hyn. Beth am osod geiriau i guriad y swn rydan ni'n ei glywed? Drwy wneud hynny, byddwn yn gwneud i'r swn siarad. Gallwn ddefnyddio rhythm 'Heno, heno' fel patrwm i'r geiriau – does dim rhaid pryderu am odli gyda'r ymarferiad hwn, dim ond canolbwyntio ar sigl y llinellau.

Meddyliwch am y cloc yn tipian. Mae'n cyfri'r eiliadau a'r munudau a'r oriau. Beth mae'r cloc yn ei ddweud wrthym? Rhywbeth fel hyn efallai,

Eiliad, eiliad, meddai'r cloc;
Eiliad, eiliad, meddai'r cloc;
    Amser, amser cysgu, meddai'r cloc;
    Amser, amser cysgu, meddai'r cloc.

Munud, munud, meddai'r cloc;
Munud, munud, meddai'r cloc;
    Amser, amser cysgu, meddai'r cloc;
    Amser, amser cysgu, meddai'r cloc.

Ychwanegwch ragor o benillion at y mesur yma a bydd gennych gerdd i'w dweud wrthych eich hunain os bydd Huwcyn Cwsg yn gyndyn o alw heibio ichi yn y gwely. Rwy'n siŵr ei fod yn ddull llawer mwy effeithiol o yrru'ch hunain i gysgu na chyfri defaid!

Yna trowch at y synau eraill a glywsoch ym mherfeddion y nos a dewiswch un ohonyn nhw i gynnig geiriau ichi greu eich hwiangerdd eich hun ar batrwm a rhythm 'Heno, heno'.

Si-hei-lwli oedd yn gymorth inni gysgu pan oeddem ni'n iau. Pan awn yn hŷn, pethau sydd ar ein meddwl sy'n ein cadw yn effro ac un ffordd o reoli hyn yw rhoi'r meddwl mewn geiriau a'r geiriau ar rhythm. Wrth eu rhoi ar gerdd, mae'r meddyliau yn cerdded allan o'n pennau a gadael llonydd i ninnau fynd i gysgu. Wel, dyna un ffordd o edrych arni beth bynnag!

Enwau lleoedd

Ydych chi wedi sylwi ar enwau lleoedd yn eich ardal? Enwau tai, enwau ffermydd, enwau strydoedd, enwau siopau, enwau caeau, enwau pentrefi, trefi, afonydd, mynyddoedd, cymoedd a llynnoedd? Mae yna gyfoeth o enwau o dan bob un o'r teitlau hyn – rhai ohonyn nhw'n enwau ar fapiau ac eraill yn enwau ar lafar yn unig. Mae rhai yn dlws a hyfryd ryfeddol ac mae rhai yn ddigon doniol a slic – yn arbennig felly yr enwau llafar 'answyddogol'.

Mae enwau lleoedd yn elfen amlwg iawn mewn barddoniaeth Gymraeg. Ers talwm, byddai'r beirdd yn teithio o le i le ac yn perfformio eu cerddi lle bynnag y caent fwyd, llety a chroeso. Bryd hynny, byddai enwau'r plasau croesawus yn gerrig milltir pwysig ar eu teithiau ar draws gwlad a does ryfedd fod y beirdd yn gwirioni arnynt gan eu cynnwys yn eu cerddi.

Math arall o ganu sy'n amlwg iawn mewn gwlad fel Cymru sydd â'r môr ar dair ochr iddi yw caneuon ffarwelio â'r tir. Roedd llawer o hogiau Cymru yn mynd i'r môr ac er mor anturus oedd y bywyd hwnnw, gyda'r criw yn cael cyfle i weld y byd a'i ryfeddodau, roedd ganddynt i gyd eu hiraeth hefyd am fro a chartref. Un dull o fynegi'r hiraeth hwnnw oedd canu caneuon am y lleoedd oedd yn annwyl ganddynt. 'Caneuon ffarwél' yw'r rheiny ac mae llawer iawn ohonynt ar gael yn y Gymraeg yn sôn am enwau lleoedd gwahanol ardaloedd o'n gwlad:

Ffarwél i Langyfelach lon
A'r merched ifanc i gyd o'r bron,
Rwy'n mynd i weld pa un sydd well,
Ai 'ngwlad fy hun ai'r gwledydd pell.

* * *

Ffarwél i blwy' Llangywer
A'r Bala dirion deg,
Ffarwél fy annwyl gariad:
Nid wyf yn enwi neb,
Rwy'n mynd i wlad y Saeson
A'm calon fel y plwm
I ddawnsio o flaen y delyn
Ac i fartsio o flaen y drwm.

* * *

Ffarwél i Aberystwyth,
Ffarwél i Ben Maes-glas,
Ffarwél i dŵr y Castell,
Ffarwél i'r Morfa glas.

Ffarwél fo i Ben y Parciau,
Ffarwél i Figure Four,
Ffarwél fo i'r ferch fach lana'
Erioed fu'n agor dôr.

Ffarwél fo i Lanrhystud,
Lle bûm i lawer gwaith
Yn caru'n ôl fy ffansi –
Ond ofer fu y gwaith.

Beth am fynd ati i gyfansoddi geiriau cân ffarwél ar gyfer eich ardal chi?

Y peth cyntaf sydd rhaid ei wneud yw llunio rhestr o'r enwau yn yr ardal – dewiswch bob mathau o enwau gwahanol. Dewiswch enwau sydd â sŵn da iddyn nhw a hefyd enwau sy'n ddifyr neu'n annwyl yn eich golwg chi.

Ar ôl tynnu rhestr go faith, rhaid dosbarthu'r enwau yn ôl patrwm eu rhythm.

Ar hyn o bryd, rydym am gadw at dri math o batrwm rhythm yn unig:

Dosbarth 1.   Pen-y-bont

Dyma batrwm cyffredin iawn. Dywedwch y gair yn uchel a gwrandewch ar y rhythm. Pa enwau eraill sy'n swnio yr un fath? Dyma ichi enghreifftiau:

Drws-y-coed, Aber-nant, Pwll-yr-ych, Plas-yn-dre, Glan-y-môr, Bron-y-graig, Pant-y-gof, Hafod-las, Sŵn-y-dail, Tan-y-maes, Afon Taf.

Ychwanegwch chithau restr o enwau o'ch ardal chi sy'n dynwared yr un rhythm:

....
....
....
....

Dosbarth 2.   Pentref

Dyma batrwm syml a chyffredin arall. Er enghraifft:

Felin, Dinas, Aber, Morfa, Dolau, Muriau, Hendre, Gromlech, Lliwedd, Conwy, Teifi, Tegid, Menai.

Ychwanegwch at y rhestr:

....
....
....
....

Dosbarth 3.   Llanfihangel

Dyma ragor o enghreifftiau ar yr un patrwm o rhythm:

Abertawe, Llety'r Adar, Pantybrithyll, Pwllyrhwyaid, Llyn y Fawnog, Carnedd Dafydd, Cwmycorsydd, Ffordd yr Orsaf, Clwtydelyn, Dolffawydden, Maesy-meillion, Sŵnyrwylan, Dyffryn Hafren, Erw'r Clochydd.

Chwiliwch chithau am enwau o'ch ardal:

....
....
....
....

Dosbarth 4.   Pendinas

Llangollen, Tregaron, Ffordd Porthmyn, Llyn Alwen, Bron Derw, Bryn Eithin, Coed Masarn, Bod Heulog.

Casglwch chithau fwy ohonynt:

....
....
....
....

Y cam nesaf yw dewis un o'r hen ganeuon gwerin a dynwared y rhythm gan gyfnewid yr enwau ynddi am enwau oddi ar eich rhestr chi.

Beth am ddefnyddio 'Ffarwél i Aberystwyth' fel enghraifft? Yn y llinell gyntaf, rhaid cyfnewid y gair 'Aberystwyth' am enw o ddosbarth 3; cyfnewid 'Pen Maes-glas' am enw o ddosbarth 1; cyfnewid 'Tŵr y Castell' am enw o Ddosbarth 3 neu un o ddosbarth 2 a 4 e.e. 'Yr Hafod a Phendinas'; cyfnewid 'Morfa-glas' am enw o ddosbarth 1.

Yn y gân arbennig hon, mae odl i'w chlywed rhwng diwedd llinell 2 a diwedd llinell 4 ac er mwyn cadw sŵn da a swyn y pennill, byddai'n beth braf iawn petaem ninnau yn cadw at y patrwm hwnnw yn ogystal.

Dyma ichi enghraifft o gân a luniwyd ar y patrwm hwn gan ddisgyblion Ysgol Bod Alaw, Bae Colwyn. Mae'r enwau i gyd wedi'u codi o ddalgylch yr ysgol.

Ffarwél i dre Bae Colwyn
Ffarwél i Fryn-y-Maen,
Parc Eirias, Min-y-Morfa,
Taith hir sydd o fy mlaen.

Ffarwél i Ddrws y Mynydd
Bod Alaw f'ysgol gynt,
Ffarwél i Nant Helygen
Rwy'n mynd ar ôl y gwynt.

Bu disgyblion Ysgol Glan Morfa, Abergele yn gweithio ar yr un patrwm hefyd a dyma eu cân ffarwelio hwythau:

Ffarwél i Abergele
A Pharc y Pentre Mawr
Ffarwél i Lôn Llywelyn
Rwy'n gadael cyn y wawr.

Ffarwél i Sant Mihangel
A hefyd i Bryn Tŵr
Ffarwél i Glan yr Afon
A hyfryd sŵn y dŵr.

Ffarwél i Rodfa Cinmel
Pen-sarn a Chastell Gwrych
Y Delyn a Choed Celyn
Ffarwél i'r tiroedd sych.

Lôn Ceirios a Lôn Hyfryd
Ffarwél i chi i gyd
Bryn Castell, Mynydd Seion,
Rwy'n mynd i ben draw'r byd.

Un arall i gloi — y tro hwn disgyblion Ysgol Bro Cernyw, Llangernyw fu wrthi. Maen nhw wedi dewis dilyn cwrs afonydd eu hardal gan enwi'r gwahanol leoedd sydd ar eu glannau.

Cân yr Afonydd

Ffarwél i Fryn y Clochydd
A hefyd Tan-y-ffos
Llwyn-saint a Phlas-yn-Trofarth
A'r Felin sydd mor dlos.

Ffarwél i Dyddyn Deicws
Y Gors a Than-y-bryn
Wern-bach a Thy'n y Ffynnon
A Nant Wrach Fawr a'r Llyn.

Ffarwél i Ryd-y-Gerwyn
Nant Mawr a Nant Cefn Coch
Y Gell ac afon Derfyn
Ac Elwy fawr, da b'och.

Nant y Mynydd

Mae cymaint o swyn yn yr hen enwau lleoedd yma nes eu bod nhw'n creu barddoniaeth ohonynt eu hunain. Mae sawl tŷ neu fwthyn yng Nghymru yn dwyn yr enw 'Nant y Mynydd' ac mae'r enw hwnnw hefyd yn deitl ar un o gerddi enwocaf yr iaith, cerdd gan fardd o'r enw Ceiriog. Rwy'n siŵr eich bod wedi dod ar draws y pennill adnabyddus hwn:

Nant y mynydd groyw, loyw
Yn ymdroelli tua'r pant,
Rhwng y brwyn yn sisial ganu:
O! na bawn i fel y nant.

Mae rhythm y pennill yn cynnig ei hun i gyflwyno enwau lleoedd. Mae lle o'r enw Llais Afon ym Metws-yn-Rhos ac mae yna fiwsig yn yr enw hwnnw ynddo'i hun. Aeth plant yr ysgol ati i ddychmygu'r afon yn enwi lleoedd y fro ar ei thaith drwy'r ardal a dyma'r penillion a gyfansoddwyd gan ddilyn patrwm rhythm ac odl 'Nant y Mynydd':

Llais Afon

Plas-yn-Betws, Gwyndy Uchaf,
Llys y Dderwen, Cefn-y-frân,
Glan y Fedw a Bryn Derw
Llais yr afon ydi'r gân.

Bryn y Gwynt a Phen Cefn Uchaf
Rhwng-y-ddwyffordd a Bryn Du,
Dolwen, Bryncar a Chae Felin
Llais yr afon sydd yn gry'.

Capel Horeb a Chae Mefus
Fron, Glyn Liws a Phen-y-bryn
Pant-y-clyd, Bryn Haf, Trefonnen
Llais yr afon ydi hyn.

Gallwch chithau ddewis unrhyw un o batrymau'r caneuon ffarwél ar gyfer eich penillion enwau lleoedd a cheisio rhoi rhesymau newydd dros restru'r enwau yn hytrach nag ar gyfer ffarwelio yn unig.

102

Bu dosbarth arall o Ysgol Bro Cernyw yn enwi lleoedd yr ardal ar ffurf hwiangerdd gan ddefnyddio patrwm un o'r hen hwiangerddi fel mesur. Dyma eu cân hwythau:

Hwiangerdd Bro Cernyw

Hafod Fawr a Hafod Bach
Sy'n byw drws nesa inni
Ac ar y Bryniau Gleision mae
Y defaid mân yn pori.

Craig-y-dderwen, Pentre-wern
Plas Onn a Chapel Seilo
Tyn y Caeau, Tan y Graig
Sy'n mynd i gysgu heno.

Wenlli Loj a Charreg Wen
Glan Rhyd a sied y defaid
Ty'n y Goeden, cytiau'r cŵn
Dwi bron â chau fy llygaid.

Dyma bennill gan Ysgol Parc, Y Bala:

Caerau Uchaf, Pentrefelin,
Tal-y-bont a Drws-y-nant,
Pantyneuadd, Rhydyrefail
Ar dafodau pawb o'r plant.

Un arall gan blant Gwyddelwern:

Brynsaithmarchog a Thy'n Celyn,
Garreg Lwyd a Drws-y-coed
Bryn yr Orsedd, Maes Gwyn Ucha,
Cerdded yno ar ddau droed.

Dyma gasgliad o Ysgol Morgan Llwyd, Wrecsam:

Tyddyn Crythor, Pentre Brychdyn,
Melin Brenin, Coed-y-glyn,
'Sgethin, Erddig, Brymbo, Glasfryn,
Wrecsam, Bersham a Bwlch-gwyn.

Pen-y-cae a thre Llangollen,
Melin Nant a Chefn-y-bedd,
Bangor Is-y-coed a Gwynfryn,
Bryn yr Haf sy'n llawn o hedd.

Ysgol Morgan Llwyd, Bryn Offa,
Maes-y-coed, Y Waun a'r Rhos,
Fflint, Cefn-mawr, Coed-poeth ac Argoed,
Pen-y-bryn a'r Wyddgrug dlos.

Llefydd clên

Tyddyn Uncorn Pistyll Rhaead
Pen-y-bont ac Aber-nant,
Tanat, Hafren, Hafod, Colwyn,
Tlws yw'r enwau, miwsig tant.

Llanfihangel a Llansilin
Llansanffraid a Maes-y-Dre
Nant-y-wennol, Talwrn, Pennant,
A Llanfyllin, hip hwrê.

Bron yr Haul a Ty'n y Caeau
Tŷ Coch Bach a Tyddyn Hen
Tyddyn Sais, Plas Bach, Bryn Hafren
Mae'r holl lefydd hyn yn glên.

Ysgol Llanfyllin

Band Un Dyn

Cerdd arall sy'n ffefryn mawr gennym ydi'r 'Band Un Dyn' gan I.D. Hooson. Yn y gerdd fywiog honno, mae'r bardd yn disgrifio un o'r bysgers rhyfedd hynny, oedd yn fand bach ar ddwy droed, yn cyrraedd Rhos-llannerchrugog, yn perfformio yno ac yna'n gadael. Roedd ganddo ddrwm a symbalau, pib a chlychau ac roedd y pentref i gyd yn dotio ato. Chwiliwch am gopi o'r gerdd yn *Y Gwin a Cherddi Eraill.*

Byddwch yn sylwi bod rhan gyntaf y gerdd yn disgrifio taith y Band Un Dyn, ac mae enwau lleoedd yn rhan bwysig o'r gerdd. Chwiliwch am y canlynol ynddi:

Allt y Gwter, Stryt y Go', Tafarn Sem, Siop Rad, Siop fy Nhad, Y Groes, Y Rhos, Siop y Gornel, Y Sgwâr, *Blue Bell*, Peniwel, Y Dafarn Geiniog, Y *Plough.*

Enwau strydoedd, enwau siopau, enwau tafarnau, enwau capeli sydd yma ac yn y gân arbennig hon mae sawl math o 'gerdd' yn cyfarfod. Mae'r Band Un Dyn yn teithio – hynny yw, mae'n *cerdded;* mae'n perfformio ac yn creu *cerddoriaeth* ac wrth gwrs, mae'r bardd wedi sgwennu darn o farddoniaeth amdano – a dyna ichi *gerdd* o fath gwahanol unwaith eto.

Sôn am y Rhos yn y dyddiau fu y mae'r gerdd ac fel pan welwn ni hen lun o stryd mewn tref sy'n adnabyddus inni, rydym yn siŵr o sylwi ar y gwahaniaethau sydd rhwng yr hen olygfa a'r hyn a welwn ni heddiw. Mae siopau yn newid, mae tafarnau yn cau ac enwau cwbl newydd a gwahanol yn dod yn eu lle.

Bu plant Ysgol Hooson, ysgol Gymraeg y Rhos, yn ystyried y gwahaniaethau hyn rhwng yr enwau yng ngherdd I.D. Hooson a'r enwau sydd yn gyfarwydd iddyn nhw heddiw. Dilynwyd yr un daith yn union ond gan orffen y tro hwn yn adeilad yr ysgol a dyma'u cerdd hwy, sy'n cadw at gerddediad patrwm rhythm ac odl cerdd wreiddiol I.D. Hooson:

I fyny Allt y Gwter
A heibio Gorsaf Sam,
Pasio'r Siop Goriadau,
Dringo o gam i gam;
O dan yr Horse a Jockey
A'r wal lle mae siâp gôl,
Mae plant y Wern yn chwarae
A'r ceir yn Garej Pôl;
Wrth nesu at siop Jarvises
Mae'n gwynto sglods yn awr,
Dod at Lle Cerrig Beddau
A rowndio y Tro Mawr;
Ymlaen hyd Stryd y Farchnad
A heibio'r Salon Neis,
Siop Ffrwythau, Cemist wedyn
Ac yna Reis a Sbeis;
Y Caban Rhew sydd nesaf,
Lle'r heddlu, yna'r Groes,
Pasio'r Ffactri Nicars
A wiglo ei ddwy goes;
Tafarn Pen y Ceffyl,
Ymlaen i Pentre Dŵr
A dene'r bloc o fflatiau
Ac Ysgol Hooson, siŵr.

Does dim rhaid ichi fyw yn y Rhos i sgwennu disgrifiad o daith debyg chwaith. Meddyliwch am un o'r ffyrdd sy'n dod tuag at eich ysgol chi; rhestrwch bob mathau o enwau sydd i'w canfod ar y daith honno ac yna ceisiwch roi'r cyfan ar batrwm cerdd y 'Band Un Dyn'.

Mae amryw o ysgolion eisoes wedi rhoi cynnig ar wneud hynny ac wedi cael hwyl arni hefyd. Dyma ddwy enghraifft:

Ysgol Bodhyfryd, Wrecsam

Cychwyn wrth ymyl Woolworths
I lawr Ffordd Penybryn
McTecsan yn McDonald
A sbwriel yn y bun.
Heibio Beauty with Sarah
Wrth ymyl Eglwys y Plwy
Wrth Garej Shell mae'r twrw
Fel cyllell, fforc a llwy
Pasio'r lle Tacsi a Tescos
Pasio'r lle Doctore, Olê
Heibio i Dafarn yr Afal
A heibio Marchnad y Dre
Sgipio Asda a Tecsas
Cerdded i mewn i'r Ddraig Werdd
Torri ei syched yn fan'na
A chanu dwy neu dair cerdd.
Ymlaen heibio'r Chippy a'r Fflatiau
A Ffordd y Tylwyth Teg
Pasio Rip-off Shop Sheila
A chyrraedd yr Ysgol am ddeg.

Ysgol Min-y-ddôl, Cefn-mawr

Dod drwy Rhosymedre
A chychwyn am Cefn Mawr
Mynd dan Bont y Rheilffordd
A heibio'r Post yn awr
Pasio'r Jolly Masons
A heibio stop y bws
Y Cwics a'r Siop Hen Bethau
A David yn cael sws.
Drws y banc ar agor
Stopio i gael chips
Rŵan i'r siop betio
I chwilio am rai tips
Yr Hollybush sydd nesaf
A'r Capel ar y Bryn
Yr eglwys wedi llosgi –
Cae Gwilym erbyn hyn.
I fyny'r Coronation
Cae'r Druids sydd tu ôl
A heibio'r Parc a'r Llyfrgell
I Ysgol Min-y-ddôl.

Mae gen i

Rwy'n siŵr eich bod wedi clywed o leiaf un os nad y cyfan o'r penillion hyn pan oeddech chi'n iau:

Mae gen i ebol melyn
A merlen newydd sbon
A thair o wartheg brithion
Yn pori ar y fron.

Mae gen i fochyn bychan,
Mae gen i fochyn mawr,
Mae gen i fochyn arall
Dyw'n fychan nac yn fawr.

Mae gen i iâr a cheiliog
A hwch a mochyn tew
A rhwng y wraig a minnau
Rŷn ni'n ei gwneud hi yn o lew.

Mae gen i darw penwyn
A gwartheg, lawer iawn,
A defaid ar y mynydd
A phedair tas o fawn.

Mae gen i gwpwrdd cornel
A set o lestri te
A dresel yn y gegin
A phopeth yn ei le.

Penillion sy'n rhestru eiddo ydi'r rhain. Mae'r sawl sy'n eu canu ar delerau da â'r byd o'i gwmpas, yn ymhyfrydu yn y pethau sydd ganddo, yn cael pleser wrth gyfri eu nifer a chanmol eu hansawdd. Mae'r cyfan yn dda, mae popeth yn dwt ac mae canwr y penillion yn fodlon ar ei fyd.

Nid brolio y mae, chwaith – ond cyfri ei fendithion a diolch am ei lwc dda. Mae eisiau inni feddwl weithiau am yr holl bethau sydd gennym yn hytrach nag am yr holl bethau yr hoffem eu cael. Wrth restru'r cyfan, rydan ni'n sylweddoli cystal yw hi arnom a pha mor lwcus yr ydan ni.

Dyna yw'r ymarferiad y tro hwn. Meddyliwch am eich ystafell wely neu eich ystafell chwarae gartref. Rhestrwch bopeth y medrwch feddwl amdanynt o dan wahanol benawdau fel hyn:

Dillad ac Esgidiau

....
....
....
....

Dodrefn ac Offer Trydanol

....
....
....
....

Posteri a Lluniau

....
....
....
....

Teganau

....
....
....
....

Llyfrau

....
....
....
....

Casetiau, CD's, Fideo

....
....
....
....

Anifeiliaid Anwes

....
....
....
....

Gêmau ac Offer Chwaraeon

....
....
....
....

Cadwch at rhythm a phatrwm odlau y penillion ar ddechrau'r bennod a rhestrwch gymaint ag y medrwch o'r eitemau hyn. Gall fod yn hwyl wrth chwilio am yr odl a thrwy'r cyfan byddwch yn cofio bod cymaint gennych ac yn gwerthfawrogi'r cyfan gymaint â hynny yn fwy.

Fel enghreifftiau ichi, dyma gyfres o benillion a gyfansoddwyd gan ddau ddosbarth yn Ysgol Brynhyfryd, Wrecsam.

Fy ystafell i

Mae gen i Ghetto Blaster
A Plyff yr hamster bach
A desg i mi fy hunan
Teganau lond y sach.

Mae gen i gyfrifiadur
A llyfrau Roald Dahl
A blanced Power Rangers
A parot eithaf sâl.

Mae gen i Dragon Dagger
Gitâr i wneud sŵn da
Pysgodyn Super Sonic
A dol sy'n dweud ga-ga.

Mae gen i fideo newydd
Casét Jurassic Park
A roller blades arbennig
A phensel i wneud marc.

Mae gen i gloc o Lundain,
Posteri coch Man-U,
A phapur tynnu lluniau
A ffelt-pens o bob lliw.

Mae gen i gyfrifiadur
A phapur wal sig-sag
A Sparki y pysgodyn
A phoster Rag-a-Tag.

Mae gen i ddoli Barbie
Calendr i ddweud pa fis
Sticeri gan y deintydd
A phâr o dyngarîs.

Barddoniaeth bob dydd

Faint ohonoch chi sy'n medru cofio rhyw rif ffôn? Efallai mai rhif eich cartref chi eich hun ydi o neu gartref eich nain a'ch taid neu un o'ch ffrindiau. Neu efallai eich bod yn cofio'r rhifau hyn i gyd – a llawer mwy!

Ydych chi wedi meddwl erioed sut rydan ni'n mynd ati i ddysgu a chofio rhifau? Dywedwch rif yn llafar; dywedwch un arall. Does neb yn dweud rhifau yn undonog:

–un–dau–tri–pedwar–pump–chwech

fel yna yn nagoes? Rydan ni'n tueddu i ddweud grwpiau o rifau gyda'i gilydd megis

chwech–saith–tri/chwech–naw–dau

neu

tri–pump/pedwar–dau/tri-pump

Yr hyn sy'n digwydd yw ein bod yn creu rhythm bach o'r rhif ffôn – weithiau curiad 3/3 a weithiau curiad 2/2/2 gan ddibynnu ar natur y rhifau. Mae rhai rhaglenni radio a theledu a rhai hysbysebion yn creu *jingyl,* sef creu cân fechan, o'u rhifau teliffôn. Fedrwch chi gofio un o'r rheiny?

Ydyn, maen nhw'n effeithiol iawn. Mae rhoi rhythm neu fiwsig i rifau – neu i eiriau – yn gymorth i'r cof. Dyna enghraifft o un o elfennau barddoniaeth yn cael ei defnyddio yn ein bywydau bob dydd.

Fedrwch chi feddwl am enghraifft neu enghreifftiau eraill o ddefnyddio rhythm i gynorthwyo'r cof o ddydd i ddydd?

Ond nid cymorth i'r cof yn unig yw rhythm. Gwrandewch ar y sgwrs fer hon:

Dyn 1: Wyt ti wedi llwytho'r cerrig i gyd i'r ferfa a mynd â nhw i'r sgip?
Dyn 2: Do, ers meityn.
Dyn 1: Wyt ti'n siŵr? Roedd yna lawer iawn o gerrig i'w cario.
Dyn 2: Twt, mi wnes i'r cyfan dan ganu.

Pan fyddwn ni'n gwneud rhywbeth *dan ganu,* rydan ni'n ei wneud fel petai'n ymddangos yn hawdd dros ben. Ydych chi wedi gweld paentiwr yn paentio ffenestri tŷ? Mae'n ymddangos yn hawdd yn tydi? Ond petai rhywun arall yn cydio mewn brwsh ac yn mynd ati, yn fuan iawn mi fyddai paent dros ei fysedd, ar hyd ei ddillad a thros wydr yn ogystal â choed y ffenest. Ond pan fo crefftwr wrthi, mae'n gwneud ei waith tan ganu.

Dydi hynny ddim yn golygu, o reidrwydd, fod y gweithiwr yn canu. Ac eto mae canu neu chwibanu neu hymian neu ffal-di-ralio wrth weithio yn rhywbeth cyffredin.

Gallwn ddychmygu'r paentiwr yn mynd i hwyl wrth gael y gorau ar waith y dydd ac yn tidyl-tymio wrtho'i hun:

**tidyl-tym, tidyl-tym, tidyl-tym-
tym-tym**

Pwy arall sy'n canu neu'n hymian wrth weithio?:
1. rhywun yn hŵfro neu'n glanhau'r tŷ
2. dyn llefrith
3. rhywun yn torri'r lawnt
4. ....
5. ....
6. ....

Gydag ychydig o gyfeiliant, mae'r gwaith yn mynd rhagddo *dan ganu.* Ers talwm, byddai gweithwyr yn cyfansoddi a chanu caneuon cyfan ar gyfer eu diwrnod gwaith – nid rhyw chwiban neu hym yn unig.

Pan fyddai'r hwsmon yn aredig ei gae, byddai'n canu wrth yr ychen a fyddai'n tynnu'r wedd. Ceffylau oedd yn cael eu defnyddio amlaf yng Nghymru cyn oes y tractor, wrth gwrs, ond roedd ychen yn gyffredin iawn ym Morgannwg ac yno felly y ceid caneuon hogyn canlyn y wedd, neu 'crwtyn y gwartheg' ar lafar gwlad.

Dyma un o'r caneuon hynny. Mae dros ugain o ganeuon ychen ar gael o hyd ac un o'u nodweddion yw'r 'alwad' ar y gwartheg ar y diwedd.

Cân Crwtyn y Gwartheg

O dere dere du;
Mae heddiw'n fore tirion
A'r adar bach yn canu
Yn bêr o'r wiail irion.
Ŵ mlân Ŵ mlân Ŵ

O dere dithau glas
Mae heddiw'n des ysblennydd
A'r hedydd bach yn codi
Yn syth i'r glas wybrenydd.
Ŵ mlân Ŵ mlân Ŵ

O dere du a'r glas
Mae'i dodar dan y meillion
Cewch egwyl yno i bori
Ho, ho fy mwyn gyfeillion.
Ŵ mlân Ŵ mlân Ŵ.

Trin y gwlân, torri coed, llifio estyll, godro gwartheg – roedd caneuon ar gael ar gyfer gwneud yr holl wahanol waith yma ers talwm. Byddai'r gân yn torri ar undonedd y gwaith ac eto'n rhoi rhythm i'r gweithiwr ac mae hynny'n bwysig wrth wneud gwaith corfforol. Dyna ichi'r gof, er enghraifft, yn taro'r haearn poeth ar yr engan. Hon oedd un o'i ganeuon ef:

Ffeind a difyr ydyw gweled
Migaldi-magaldi hei-now-now
Drws yr efail yn agored
Migaldi-magaldi hei-now-now
Ar go' bach a'i wyneb purddu
Migaldi-magaldi hei-now-now
Yn yr efail, prysur chwythu
Migaldi-magaldi, hei-now-now.

Mae rhythm y migaldi-magaldi yn helpu'r gof i gadw curiad ei forthwyl – CNOC fawr, cnoc fach; CNOC fawr, cnoc fach, CNOC-CNOC-CNOC. Mae'r morthwyl yn dawnsio i rhythm y gân ac mae'r gwaith yn ysgafnach oherwydd hynny.

Ydych chi wedi gweld cystadleuaeth tynnu rhaff mewn sioe neu rali? Y tîm sy'n curo yw'r tîm sy'n tynnu gyda'i gilydd – nid o reidrwydd y tîm sydd yn cynnwys y dynion (neu'r merched!) mwyaf cyhyrog. Ers talwm, roedd tynnu rhaffau yn rhan o grefft morwyr y llongau hwyliau ac yno hefyd roedd hi'n bwysig bod pawb ar y rhaff yn tynnu gyda'i gilydd. Wrth godi angor, wrth dynnu'r hwyliau i lawr neu wrth eu codi ar yr hwylbren, byddai'n rhaid i'r morwyr gael rhythm i fod gyda'i gilydd. Byddent hwythau hefyd yn canu cân waith – *shanti* yw'r enw ar gân waith y morwyr. Y drefn ar fwrdd llong hwyliau oedd bod un yn canu llinell ac yna'r holl forwyr ar y rhaff yn canu llinell o gytgan sy'n atseinio'r llinell honno ac yn tynnu'r rhaff i guriad y gân ar yr un pryd. Dyna pam mae cymaint o ganu ac ateb yn shantis yr hen longwyr. Dyma enghraifft:

Santiana

O Santiana! chwyth dy gorn:
Aiô, Santiana!
Gyr wyntoedd teg i rowndio'r Horn:
Mae 'nghartre i yng Nghymru bell.

Mae'r rhaffe i gyd fel ffyn o rew,
Aiô, Santiana!
A'r môr yn wyllt, ne'r niwl yn dew;
Mae 'nghartre i yng Nghymru bell.

Mae tŷ fy nhad yn wyn a hardd;
Aiô, Santiana!
A rhosys cochion yn yr ardd,
Mae 'nghartre i yng Nghymru bell.

Ar ben y drws mae Mam a 'Nhad;
Aiô, Santiana!
Does unlle'n debyg i fy ngwlad;
Mae 'nghartre i yng Nghymru bell.

Mae'r adar bach yn canu'n y coed,
Aiô, Santiana!
A Pero'n gwrando am sŵn fy nhroed,
Mae 'nghartre i yng Nghymru bell.

Mae'r hwylie wedi rhewi'n gorn;
Aiô, Santiana!
Gyr wyntoedd teg i rowndio'r Horn,
Mae 'nghartre i yng Nghymru bell.

Wrth forio'r byd, ei led a'i hyd neu wrth bedoli caseg y tyddyn bach gerllaw'r efail, roedd canu wrth weithio yn bwysig iawn ers talwm. Mae cadw rhythm yn y gwaith yn bwysig o hyd yn y ffatri ac wrth drin peiriannau modern ond mae gennym ddulliau gwhanol, mwy electronig, o gadw curiad bellach. Eto, mae yna le i hymian a chwiban a chân o hyd.

Dan ganu

Mae ffilmiau Disney yn boblogaidd iawn gyda chynulleidfa o bob oed a dwy o'r golygfeydd sy'n aros yn y cof ydi'r rheiny yn Eira Wen lle mae'r corachod yn mynd i'w gwaith a dychwelyd ohono. Maen nhw'n canu cân yn tydyn? Mae cân i gerdded i'w churiad yn gymorth pan fydd y daith yn un faith a'r llwybr yn un blin. Mae milwyr yn gwybod hynny – dyna pam mae ganddynt gerddoriaeth i'w cynorthwyo wrth orymdeithio. Mae'r band yn taro ac mae'r sgwyddau'n sgwario, y breichiau'n siglo a'r traed yn trampio. Chwith, dde; chwith, dde . . .

Mae'r corachod bach yn stori Eira Wen wedi taro ar guriad da hefyd. Dyma ichi eiriau sy'n ffitio ar y dôn honno:

Hei-ho, hei-ho,
Corachod bach y fro
Dan ni'n mynd i'r gwaith
O chwech tan saith
Hei-ho, hei-ho, hei-ho.

Geiriau i'w canu ar y ffordd i'r gwaith ydi'r pennill yna, wrth gwrs. Ar ddiwedd y diwrnod yn y mwynfeydd, efallai y gallai'r corachod ganu rhywbeth fel hyn:

Hei-ho, hei-ho,
Digon am y tro
'Dan ninnau'n rhydd
O waith y dydd
Hei-ho, hei-ho, hei-ho.

Wyddech chi fod yna enwau Cymraeg ar y saith corrach? Doc Bach ydi'r arweinydd; Tecwyn Tishan ydi enw'r creadur bach sy'n cael trafferth gyda'i drwyn; mae un arall yn flinedig iawn – Huwcyn Cwsg ydi o; Hefin Hapus ydi'r un tew, llawen; mae Robin Swil a Twm Tincar Blin yn hawdd i'w nabod a'r llencyn bach annwyl ar ben y rhes ydi Dici Bach Dwl.

Doc Bach
Tecwyn Tishan
Huwcyn Cwsg
Hefin Hapus
Robin Swil
Twm Tincar Blin
Dici Bach Dwl

111

Beth am fynd ati i gyfansoddi pennill am bob un o'r corachod bach? Mae'r llinell gyntaf gennym ni – 'Hei-ho, hei-ho'. Rydan ni angen ail linell sy'n odli â honno. Fedrwch chi feddwl am eiriau? Beth am:

Mynd o'i go'
dweud helô
do, re, mi, ffa, so,
mynd am dro
colli'i go'
ar ben y to
glo
fo
llo
jac-y-do
mynd ar ffo
clo
gro
bro
dominô

A dwi'n siŵr fod yna lawer rhagor!

Mi fedrwch chi fynd ati i lunio pennill bellach. Dyma ichi un am Huwcyn Cwsg.

Hei-ho, hei-ho,
Mae Huwcyn yn dweud 'O!'
Wedi blino'n lân
O flaen y tân
Hei-ho, hei-ho, hei-ho.

Pan fydd gennych ddigon o benillion mi fedrwch lunio parti bach i'w canu – pawb â'i bennill yn ei dro. Ond cofiwch mai cân weithio, neu gân orymdeithio ydi hi yn y bôn felly mae'n rhaid symud i gerddediad y gerddoriaeth. Ac rwy'n siŵr y medrwch wneud hynny dan ganu!

Mae'n rhaid dod yn ôl o ramant y ffilmiau at fywyd bob dydd – yn ôl at waith bob dydd. Yn y bennod ddiwethaf, mi fuom yn sôn am bobl sy'n gweithio dan ganu ac yn eu rhestru, a chawsom enghreifftiau o ganeuon gwaith traddodiadol. Mae yna gyfle inni greu caneuon newydd yn awr ar gyfer pobl a welwn o'n cwmpas heddiw wrth eu gwaith bob dydd.

Un o'r pethau pwysig mewn cân waith yw cadw rhythm. Mae'n rhaid cael rhythm y mae modd gweithio iddo – cadw'r curiad dros amser hir heb flino'n ormodol. Felly dydi rhythm cân ddawnsio wyllt roc-a-rôl yn dda i ddim ar gyfer rhywun sydd eisiau dal ati drwy'r dydd. Mi fyddai'r gweithiwr druan wedi ymlâdd cyn amser paned!

Gwrandewch ar y rhythm yma. Mae'r geiriau bras yn drwm a'r geiriau bach yn ysgafn:

TYM tym-tym **TYM** tym-tym **TYM**

Dyna rythm rheolaidd y mae modd cadw ato dros gyfnod go hir o amser. Adroddwch y llinell sawl gwaith ar ôl ei gilydd.

Mae gennym rhythm i'r gân felly, ond mae'n rhaid rhoi geiriau yn ogystal cyn y medrwn ei galw'n gân. Mewn cân waith, fel y gwelsom o'r blaen, mae geiriau'r gân yn aml yn adlewyrchu ac yn adleisio sŵn y gwaith.

Meddyliwch am enghreifftiau o wahanol fathau o weithwyr. Dyma gychwyn ichi:

glöwr, cigydd, crydd, plismon.

Beth am lunio pennill fel hyn:
Llinell 1 – Sŵn y gwaith
Llinell 2 – Disgrifiad o'r gwaith
Llinell 3 – Cynnyrch y gwaith
Llinell 4 – Enw'r gweithiwr
Llinell 5 – Sŵn y gwaith eto i gloi.

Dyma enghraifft. Mae'r glöwr yn curo'r graig yn y siafft dan ddaear. Mae'n gweithio shifftiau yn tynnu'r glo o'r graig i roi tanwydd inni. Dyma bennill iddo:

CNOC cnoc-cnoc **CNOC** cnoc-cnoc **CNOC**
Shifft lawr y shiafft rownd y cloc
Tân yn rhoi gwres, welwch chi;
Glöwr ein pentref bach ni
CNOC cnoc-cnoc **CNOC** cnoc-cnoc **CNOC**.

Mae'r crydd yn tapian hoelion wrth drwsio gwadnau esgidiau:

TAP tap-tap TAP tap-tap TAP
Morthwyl yn tapian y rap
Esgidiau i ti ac i mi:
Y crydd yn ein pentre bach ni,
TAP tap-tap TAP tap-tap TAP

Torri cig wna'r cigydd. Sut sŵn sy'n addas tybed?

TSHOP tshop-tshop TSHOP tshop-tshop TSHOP
Sosejys yn llenwi ei siop
Fo sy'n rhoi asgwrn i'r ci:
Cigydd ein pentre bach ni,
TSHOP tshop-tshop TSHOP tshop-tshop TSHOP.

Beth am y plismon? Cyfarchiad sydd ganddo fo yntê – y cyfarchiad gan bob plismon drama ydi 'Helô, helô, helô', felly beth am y pennill hwn:

He-LÔ a he-LÔ a he-LÔ
Cerdded yn stiff drwy y fro,
Trefn arnat ti, arnaf i,
Plismon ein pentre bach ni,
He-LÔ a he-LÔ a he-LÔ.

Ydych chi wedi sylwi rhywbeth ynglŷn â phatrwm yr odlau? Mae'r ail linell yn odli gyda sŵn y gwaith yn y llinell gyntaf bob tro. Mae'r drydedd a'r bedwaredd linell yn odli gyda'i gilydd yn ogystal.

Beth am i chi fynd ati? Beth am bennill i'r dyn llaeth?

Sut sŵn sy'n berthnasol i'r gwaith hwnnw? Hymian peiriant y fan efallai, chwiban y dyn ei hun – neu beth am sŵn y poteli wrth iddynt gyffwrdd â'i gilydd? Sut sŵn ydi hwnnw? Tinc? Clinc? Ie, mae hwnnw'n reit addas. Ond cyn penderfynu'n iawn, gadewch inni weld os oes modd taro ar air hwylus sy'n odli â hwnnw. Mae'n syniad llunio rhestr o eiriau sy'n odli ar ochr y ddalen:

sinc
pinc
rinc
blinc
drinc
ji-binc
winc
crinc

Mae amryw o'r rhain yn cynnig syniadau – golchi poteli yn y sinc, cael ein deffro gan y crinc, neu hen foi iawn sy'n dod â photeli gyda winc. Beth am drio'r olaf:

CLINC clinc-clinc CLINC clinc-clinc CLINC
Gadael y llaeth a rhoi winc
Bob bore i ti ac i fi,
Dyn llaeth yn ein pentre bach ni
CLINC clinc-clinc CLINC clinc-clinc CLINC.

Mae modd amrywio sŵn y gwaith weithiau fel y gwnaeth plant Ysgol Bryn Tabor, Coed-poeth wrth greu pennill i'r deintydd. Y sŵn oedd yn dod gyntaf i'w meddwl nhw oedd 'Aw!' – y plant yn dioddef wrth gael trin eu dannedd. Ond hefyd roedden nhw am gynnwys ymateb y deintydd i'r sgrech: 'Taw!' Dyma'r pennill:

AW! aw-aw AW! aw-aw TAW!
'Wiss' meddai'r dril yn fy llaw,
Llenwi'r dant drwg a wnaf i:
Deintydd ein pentref bach ni
AW! aw-aw AW! aw-aw TAW!

Roedd Ysgol Min-y-ddôl, Cefn-mawr eisiau sôn am hoff eiriau eu hathrawes – 'da' wrth ganmol, a 'hisht' i gael tawelwch. Y bore hwnnw, roedd y dosbarth i fod i gael gwers ar ganrannau ond cawsant ryddid i sgwennu'r pennill hwn yn lle hynny:

DA! da-da HISHT! hisht-hisht DA!
Canrannau, Canrannau – Wa!
Addysg i ti ac i fi:
Athrawes ein pentref bach ni,
DA! da-da HISHT! hisht-hisht DA!

A dyma un enghraifft arall cyn i chithau fwrw iddi. Y glanhawr ffenestri ydi testun y pennill hwn, a phlant Ysgol Plas Coch, Wrecsam ydi'r awduron.

SBLASH sblish-sblish SBLASH sblish-sblish SBLASH
Glanhau y ffenestri am cash
Bwced o ddŵr, welwch chi,
Sgleinio ein pentref bach ni,
SBLASH sblish-sblish SBLASH sblish-sblish SBALSH.

Ewch ati!

Dwi isio bod

★ ★ ★

'Be wyt ti am fod ar ôl iti dyfu'n fawr?' Mae hwnnw'n gwestiwn rydan ni'n ei glywed yn aml. Weithiau, pan fyddwn ni wedi meddwl am rywbeth gwirioneddol wych yr hoffem fod pan fyddwn yn fawr, dyna siom ydi gweld yr holwr yn troi trwyn, yn dweud 'Pw! I be wyt ti isio bod yn beth felly?'

Am y tro, taflwch bob gofal i'r gwynt. Mi gewch fod yn unrhyw beth, unrhyw un y mynnwch chi.

Efallai y bydd rhai ohonoch yn meddwl am alwedigaeth arferol fel plant Ysgol Bodhyfryd, Wrecsam:

Dwi isio bod yn ffariar da;
Gwella anifeiliaid sâl.

Dwi isio bod yn ffermwr clên:
Godro'r fuwch a bwydo'r ieir.

Dwi isio bod yn blismon tew:
Sefyll ar y rownd-a-bowt.

Rhai eraill efallai eisiau bod yn sêr:

Dwi isio bod yn Ryan Giggs:
Sgorio goliau, un-dau-tri.

Dwi isio bod mewn drama fawr:
Ar deledu o flaen pawb.

Dwi isio bod yn ddyn trapîs:
Dringo uwch y dyrfa fawr.

Ac efallai y bydd rhai ohonoch yn gadael i'r dychymyg hedfan i'r uchelderau!

Dwi isio bod yn gwmwl gwyn:
Hwylio drwy yr awyr las.

Dwi isio bod yn goeden fawr
Nyth o gywion rhwng y dail.

Dwi isio bod yn lleuad lawn
Wyneb gwyn yng nghanol nos.

Ewch ati i lunio llinellau ar batrwm y rhythmau hyn. Y syniad yn unig sy'n bwysig y tro yma felly does dim rhaid poeni am odli.

Hyd yn hyn, does dim ond un llinell – un rheswm – wedi'i roi pam ydych eisiau bod yr hyn rydych wedi dewis sôn amdano. Mae'n siŵr bod cant a mil o resymau gennych. Beth am fynd ati i ymhelaethu a chreu rhagor o linellau ar yr un patrwm.

Dyma un enghraifft ichi:

Dwi isio bod yn lleuad lawn,
Wyneb llawen yn y nos,
Gwenu ar y sêr uwchben,
Rheiny i gyd yn wincio'n ôl;
Llwybr golau ar y llyn
Yn arwain at y mannau gwyn;
Llong yn hwylio'r tonnau du
A'u chwalu'n ewyn dros y wlad;
Sbecian drwy ffenestri cwsg
A hel breuddwydion lond fy hwyl.

Sylwch ar y gwahanol luniau sydd yn y darn hwn am y lleuad. Dywedir bod y lleuad lawn yn 'wyneb', yn 'llwybr', ac yn 'llong hwyliau'. Pa lun arall fedrwch chi ei weld wrth edrych ar leuad lawn? Mae'n rhaid iddo gyfleu naill ai oleuni neu siâp crwn y lleuad:

plât arian
darn deg ceiniog
....
....
....
....

115

Parodi – llinell

Pan oeddwn i'n hogyn, roedd ambell i hen gân yn boblogaidd iawn mewn eisteddfodau. Weithiau, byddem wedi'i chlywed a'i chlywed nes bod ei churiad – ei rhythm – wedi mynd yn rhan ohonom. Eto, doeddan ni ddim mor siŵr o'r geiriau – ar wahân i'r llinell gyntaf, efallai. Roedd hynny yn rhoi cyfle ardderchog i blant ddefnyddio eu dychymyg i lunio ail linell gwbl newydd a chwbl wahanol i'r un wreiddiol. Doedd dim byd yn 'eisteddfodol' yn yr ail linellau hynny, chwaith!

Rwy'n cofio criw o fechgyn yn cerdded i lawr y stryd yn canu'r gân denor enwog:

'O, na byddai'n haf o hyd'

ond yr ail linell yn eu cân nhw oedd:

'Rasus mulod dros y byd!'

Cân arall y mae pawb yn gwybod ei llinell gyntaf hi yw **Gwŷr Harlech**. Mae'r ail lein yn ein fersiwn ni yn cyfeirio at athro ysgol yn y dyddiau rheiny:

'Wele'r goelcerth wen yn fflamio,
Davies ar ei din yn diawlio.'

Yr enw ar gân gyfarwydd sydd wedi ei newid mewn dull ysgafn a digywilydd fel hyn yw **parodi**. Mae **parodïo** yn ffordd effeithiol iawn o ddysgu rhythm gan fod rhaid cadw'n gaeth at y rhythm gwreiddiol wrth ychwanegu geiriau gwahanol. Ar wahân i hynny, mae creu parodi yn sbort ac yn hwyl.

Yn yr ymarferiadau hyn, mae llinellau telynegol a barddonol wedi eu dewis ar eich cyfer. Mae addewid am bethau hardd a hyfryd mewn llinellau cyntaf fel 'O, na byddai'n haf o hyd'. Y gamp mewn parodi ydi ychwanegu rhywbeth gyda blas y pridd arno, rhywbeth anfarddonol sy'n perthyn i'r byd hwn yn hytrach nag i'r cymylau fry.

Ceisiwch chi feddwl am ail linell arall i greu cwpled gyda hon:

O, na byddai'n haf o hyd

....

Cofiwch mai sbri yw'r cyfan. Cofiwch gadw at yr un rhythm a chofiwch orffen gyda gair sy'n odli gyda **hyd**:

pryd, drud, clyd, stryd, mud, gyd, byd, cyhyd, crud ŷd, fflyd, hud a rhyd.

Chwiliwch am linellau parchus eraill y mae modd ychwanegu llinellau ysgafn atynt.

Dyma ddechreuad ichi:

Wyt Ionawr yn oer a'th farrug yn wyn
a) A fedra' i ddim agor fy wili-bun
b) ....
c) ....

Mae dail y coed yn Ystrad-fflur
a) Â'u blas nhw chydig bach yn sur
b) ....
c) ....

Oblegid pan ddeffroais ac agor
                heddiw'r drws
a) Mi welais hync o hipo a giang o gangarŵs
b) ....
c) ....

Chwa Gorffennaf ddaw i'm tŷ
a) Ogla fish a chips yn gry
b) ....
c) ....

Mi sydd fachgen ifanc ffôl
a) Isio canu roc-a-rôl
b) ....
c) ....

Mi drois yn ôl i chwilio y glasgoed
                yn y llwyn
a) Hen sgync oedd yno'n drewi a pheg ar flaen ei drwyn
b) ....
c) ....

Mwy o ddewis o linellau cyntaf telynegol:

Mae Mari mor dirion, mae Mari mor lân

Dacw 'nghariad ar y bryn

Mae hiraeth arna' i am y wlad

Hen ŵr, hen ŵr, mae'th wallt yn wyn

Mae'r esgid fach yn gwasgu mewn man nas gwyddoch chi

Pan ddring y lloer a'r sêr i'r nen

Un funud fwyn cyn ddelo'r hwyr i'w hynt

Ar Ben y Lôn mae'r Garreg Wen

Mi godais heddiw gyda'r wawr

Beth sydd i'w weld yn Nhre-saith

Hen leuad wen uwch ben y byd

117

Ar y ffordd

Rwy'n siŵr eich bod yn gyfarwydd â phenillion smala tebyg i'r rhain:

Ar y ffordd wrth fynd i Ruthun
Gwelais ddyn yn gwerthu brethyn,
Gofynnais iddo faint y llath,
'Mod i eisiau siwt i'r gath.

* * *

Ar y ffordd wrth fynd i'r Betws
Gwelais ddyn yn plannu tatws,
Gofynnais iddo beth oedd o'n wneud:
Plannu tatws, paid â deud.

Mae hwn yn batrwm da iawn i'w barodïo. Llenwch y bylchau – a defnyddiwch eich dychymyg!

Ar y ffordd wrth fynd i ....
Gwelais ddyn yn ....
Gofynnais iddo beth oedd o'n wneud:
....................................., paid â deud.

Ceisiwch lacio'r patrwm a mystyn y dychymyg ychydig pellach:

Ar y ffordd ....
Gwelais ....
Gofynnais ....
....

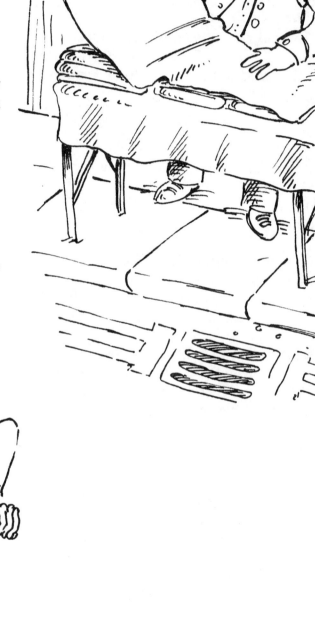

Limrig

Mae patrwm pendant iawn yn perthyn i limrig – nid yn unig o safbwynt odl a rhythm, ond hefyd o safbwynt llinell gyntaf. Mae llawer o limrigau yn dechrau drwy sôn am berson ac enw (enw person neu enw lle):

Mae bachgen sy'n byw lawr y lôn

Rhaid copïo rhythm honno, a chynnal yr un odl er mwyn creu ail linell:

Sy'n hoff iawn o gnoi toblyrôn

Mae rhythm y drydedd linell yn wahanol:

Cnodd damaid rhy fawr:

Dynwared honno eto i lunio'r bedwaredd linell:

Wrth iddo fynd lawr

Ac yna yn ôl at rhythm ac odl y llinell gyntaf:

Mi aeth o yn sownd, 'nôl y sôn.

Mae'n batrwm difyr i'w ddynwared, yn llawn odlau a rhythmau diddorol – ac wrth gwrs, yn ysgafn ac yn anelu at fod yn ddoniol. Mae llawer o blant wrth eu boddau yn creu limrigau a dyma ddau a dderbyniais gan ddisgyblion Ysgol Rhyd y Grug, Mynwent y Crynwyr:

Roedd babi a'i enw oedd Kelly
Un waith a fwytodd ganeri
   Bu'n sgrechian a chrio
   Yn gweiddi a neidio
A nawr mae e'n hedfan o'boiti.

Hywel

Roedd merch fach o'r enw Danielle
Yn hoffi cynhyrchu rhyw smel,
   Un nos aeth i'r gwely
   A'i thraed oedd yn smeli
A d'wedodd ei mam: 'Wel, wel, wel!'

Danielle

Defnyddiwch y patrymau hyn i lunio limrigau:

Mae plismon	yn byw	yng Nghydweli
Roedd geneth		'Nghwm-y-glo
crwtyn		yn Nhre-fach
athro		'n Felin-wen
ffermwr		yng Nglyn-taf
ficer		yng Ngors-las
bachgen		'n Llandysilio
		yn Shanghai
	o'r enw	Wil Siôn
		Lynette
		Twm Jôs
		Alwena
		Caradog
		Cynddylan
		Huw Parri

119

Parodi – pennill cyfan

Y gamp ar ôl parodïo llinell yw ceisio ymestyn y parodi dros bennill neu gerdd gyfan. Mae'n rhaid clywed rhythm y gwreiddiol a'r un patrwm o sgwennu, ond wrth newid ychydig ar y geiriau, mae'r posibiliadau yn ddoniol ac yn ddiddiwedd.

Un pennill poblogaidd iawn ymysg parodïwyr yw hwn gan Ceiriog:

Llongau Madog

Wele'n cychwyn dair ar ddeg
O longau bach ar fore teg;
Wele Madog ddewr ei fron
Yn gapten ar y llynges hon.
Mynd y mae i roi ei droed
Ar le na welodd dyn erioed;
Antur enbyd ydyw hon
Ond Duw a'i deil o don i don.

Mae un parodi ar y pennill hwn yn dechrau gyda'r cwpled:

**Wele'n cychwyn Austin Sefn,
Dau'n tu blaen a dau'n y cefn . . .**

Beth arall sy'n bosibl? Rhyw fath o drafnidiaeth boed long, awyren, car neu drên. Ceisiwch ymestyn eich parodi i wyth o linellau gan wyro oddi wrth y gwreiddiol weithiau ac yna dychwelyd yn ôl ato yma ac acw er mwyn ein hatgoffa ohono bob hyn a hyn.

Cân boblogaidd arall yw'r **Arad Goch.** Mae'n dechrau gyda'r llinell:

Os hoffech wybod sut mae dyn fel fi yn byw

Beth am gadw honno fel y gwreiddiol? Ceisiwch roi llinell newydd i'w hateb fel yn yr ymarferiadau parodïo llinell. Chwiliwch am yrfa wahanol i'r arfer! Ewch ymlaen o'r fan honno i lunio pennill a chytgan – a chanwch hi! Dyma'r gwreiddiol – Ceiriog yw'r awdur eto:

Yr Arad Goch

Os hoffech wybod sut mae dyn fel fi yn byw,
Mi ddysgais gan fy nhad grefft gyntaf dynol ryw.
Mi ddysgais wneud y gors yn weirglodd ffrwythlon ir,
I godi daear las ar wyneb anial dir.

*Rwy'n gorwedd efo'r hwyr,
Ac yn codi efo'r wawr,
I ddilyn yr og ar ochor y Glog
A chanlyn yr arad goch
Ar ben y mynydd mawr.*

Chwiliwch am ganeuon a cherddi a hwiangerddi poblogaidd eraill i'w parodïo. Pa rai yw eich hoff ganeuon pop a roc-a-rôl? Mae modd parodïo y rheiny hefyd!

Rap

Mae barddoniaeth **rap** yn tarddu o draddodiad llafar Affrica, lle'r oedd dynion a merched yn cadw hanes a dathliadau'r llwyth yn fyw drwy rythm a geiriau arbennig. Roedd gan yr hen Gymry, a'r Celtiaid cyn hynny, draddodiad llafar a chyflwynwyr llafar oedd yn defnyddio dulliau rhythmig tebyg, o bosibl, ac felly mae'n addas iawn ein bod yn medru benthyg techneg yr Affricanwyr y dyddiau hyn.

Wrth i'r llwythau chwalu o Affrica i'r Caribî, i'r Unol Daleithiau a dod o dan ddylanwadau cerddorol eraill yn ninasoedd America, datblygodd y patrymau rhythmig pendant yr ydym ni'n gyfarwydd â nhw heddiw. Mae'r curiad yn gryf, mae'r curiad yn creu. Mae'r curiad hefyd yn sôn am ymdrech a hawl i fyw.

Tyfodd y llais i fod yn brif offeryn y gerddoriaeth ac mae'r geiriau yn hollbwysig. Cerddi i'w perfformio ydyn nhw, cerddi i'w clywed. Dyma gyfle i ni glywed eich llais chi, eich byd chi. Ewch ati i roi'r geiriau ar rythm a'r rhythm ar rap.

Dechreuwch gyda thestun: BARDDONI
Chwiliwch am eiriau eraill ar yr un testun:

BARDDONI,   CURIAD,   RHYTHM,
ODLI,   LLONNI,   GEIRIAU,

Dewiswch a rhowch drefn ar y geiriau. Defnyddiwch linellau o wahanol hyd, ond cofiwch am y rhythm. Defnyddiwch odl a geiriau slic – ond cofiwch am y synnwyr. Mae'n rhaid i'r rap ddweud rhywbeth gwerth ei glywed.

> Rwy'n hoff-i bar-ddon-i,
> Mae gen i'r geiriau,
> Mae gen i guriad,
> Mae'r geiriau'n fy llon-ni:
> Rwy'n hoff-i bar-ddon-i
> Mae'r geiriau'n bownsio,
> Mae'r rhythm yn dawnsio
> Maen nhw'n fyw dan fy mron-i
> Rwy'n hoffi bar-ddon-i.

Ewch ati i orffen y rap.
Arbrofwch gyda'ch syniadau eich hunain.
Newidiwch drefn geiriau.
Amrywiwch y rhythm.
Ar ôl i chi gyfansoddi eich rap, perfformiwch hi!
Cofiwch ddewis curiad sy'n gywir i deimlad y gerdd – byddai'n anaddas cael rhythm ysgafn, doniol i rap ddifrifol a thrist.

Mae **dysgu** rap yn bwysig cyn ei chyflwyno – nid ei gwybod ar gof, o reidrwydd, ond bod yn ddigon cyfarwydd a hyderus i beidio â bod yn hollol gaeth i bapur.

★ ★ ★

Mae rap yn gyfle ichi leisio eich cwyn. Mae yna ddigon o bethau sy'n annheg yn yr hen fyd yma. Beth sy'n eich poeni chi? Dyma rap ichi ddweud eich dweud!

DIO DDIM YN DEG
(neu **NAGYW E'N DEG**)

Dwi bron yn ddeg/bellach yn ddeg/dros fy neg/yn un ar ddeg
A dio ddim yn deg.
Gwely am wyth:
Dio ddim yn deg.
Gwaith cartref:
Dio ddim yn deg.
Gwaith ysgol:
Dio ddim yn deg.
Cha' i ddim mynd ar gefn fy meic
Dio ddim yn deg.
Glaw dydd Sadwrn
Glaw dydd Sul
Dio ddim yn deg.

....
....
....
....
....
....
....
....
....
....

Fedra' i ddim dal nes bydda i'n hŷn
Blwyddyn yn hŷn.
Dim ond un
Achos dydi bod bron yn ddeg
Jyst ddim yn deg.

Dyma destunau posibl eraill ar gyfer rap – pethau rydych yn eu mwynhau neu'n eu casáu; y gwyn neu'r du – cyn belled â bod y teimlad yn gry':

Brawd/chwaer fach
Problemau pres poced
Gwyliau
Gwallt
Mae gen i gariad
Gas gen i giw
Cario clecs
Fy nghar bach i
Dwi'n bôrd
Bwyd ysgol
Sbots
Hon yw'r gêm i mi
Cymru yw fy ngwlad

Rapiwch!

Barddoniaeth i Blant
o Wasg Carreg Gwalch

Cyfres Llyfrau Lloerig – Gol: Myrddin ap Dafydd.
Cartwnau gan Siôn Morris. Casgliadau o gerddi difyr a
darllenadwy i blant sy'n torri tir newydd yn y Gymraeg
gan awduron amrywiol fel Twm Morys, Ifor ap Glyn,
Margiad Roberts, Caryl Parry Jones, Tony Llewelyn,
Emyr Lewis, Mei Mac ac amryw eraill.

Briwsion yn y Clustiau
Cerddi am bobl od a hynod   **£3.25**

Mul Bach ar Gefn ei Geffyl
Cerddi am greaduriaid   **£3.50**

Nadolig! Nadolig!
Barddoniaeth yr Ŵyl   **£3.50**

Chwarae Plant a Cherddi Eraill
Casgliad o gerddi am wahanol chwaraeon   **£3.75**

Ych, Maen nhw'n Neis
Cerddi dychrynllyd i godi gwallt eich pen!   **£3.75**

Byw a Bod yn y Bàth – Lis Jones
Casgliad o gerddi amrywiol   **£3.75**

Y Llew Go Lew – Myrddin ap Dafydd
Barddoniaeth i blant   **£3.75**

* * *

Llinellau Lloerig
Casét o rai o'r cerddi o Briwsion yn y Clustiau
a Mul Bach ar Gefn ei Geffyl, gyda
Dewi Pws a Llion Williams   **£3.45**

* * *

Wil a'r Wal – Myrddin ap Dafydd
Stori ar odl yn seiliedig ar hwiangerddi   **£4.50**

Cafodd tair o'r cyfrolau ganmoliaeth uchel yn
seremonïau gwobrwyo Tir na n-Og.

*Gwasg Carreg Gwalch, 12 Iard yr Orsaf, Llanrwst,
Dyffryn Conwy LL26 0EH
☎ 01492 642031*